U0570074

国家文物局考古研究中心·考古报告系列—6

致远舰水下考古调查报告

国家文物局考古研究中心
辽宁省文物考古研究院　编著

科学出版社

北　京

内 容 简 介

　　致远舰水下考古调查是我国水下考古配合港区基建、多种物探技术灵活运用的一个成功范例,同时也是我国"甲午沉舰系列"首个水下考古调查项目。2014年调查工作启动并确认了沉船的位置及保存状况;2015年开展大规模水下考古调查及试掘工作,确认了沉船的身份为清北洋海军致远舰;2016年确定了沉船的详细保存状态并进行了水下保护工作。致远舰的考古调查正式开启了对大型近代钢质沉舰的调查工作,并为以后的工作提供了可借鉴的调查范例,有助于未来深入开展近代沉舰的发掘与保护工作。

　　本书适合于考古学、近现代史的研究者及相关学科的高校师生参考、阅读。

图书在版编目(CIP)数据

致远舰水下考古调查报告 / 国家文物局考古研究中心,辽宁省文物考古研究院编著.— 北京:科学出版社,2023.3

　(国家文物局考古研究中心·考古报告系列—6)

ISBN 978-7-03-074507-1

Ⅰ.①致… Ⅱ.①国… ②辽… Ⅲ.①军用船-水下-考古发掘-发掘报告-辽宁 Ⅳ.①K872.310.5

中国版本图书馆CIP数据核字(2022)第254549号

责任编辑:张亚娜 郑佐一 / 责任校对:王晓茜
责任印制:肖　兴 / 书籍设计:北京美光设计制版有限公司

科 学 出 版 社 出版
北京东黄城根北街16号
邮政编码:100717
http://www.sciencep.com

北京华联印刷有限公司 印刷
科学出版社发行　各地新华书店经销

*

2023年3月第 一 版　开本:889×1194　1/16
2023年3月第一次印刷　印张:18 1/2
字数:500 000

定价:380.00元

(如有印装质量问题,我社负责调换)

《致远舰水下考古调查报告》编委

主　　任：唐　炜

委　　员：王大民　张建华　佟　薇　孙　键　李新全　李　辉

　　　　　赵嘉斌　杨招君　王　冉　邓启江　余建立　张治国

主　　编：周春水　冯　雷

前言

北洋海军致远舰遗址水下考古调查缘起于丹东海洋红港涉海基建工程，经国家文物局批准，国家文物局水下文化遗产保护中心与辽宁省文物考古研究所（现更名为国家文物局考古研究中心、辽宁省文物考古研究院）联合组队开展水下考古调查工作。现场调查始于2013年11月，历经2014、2015、2016年，在丹东市西南海域发现了一艘钢铁沉船，按地域命名为"丹东一号"，后经调查确认为致远舰。该项目分别获评中国社会科学院考古学论坛"2015年中国考古新发现"及中国考古学会"2015年度全国十大考古新发现"。

沉舰遗址位于辽宁省丹东市东港西南约50千米，距离大鹿岛20多千米，所在海域为黄海北部，曾为1894年中日甲午海战时的交战区。甲午黄海海战为1894年9月17日，中日双方海军发生主力舰队决战，以北洋海军损失四艘军舰、丧失黄海制海权而告终。黄海海战也是钢铁舰队出现后少有的一次大海战，在世界近代海战史上影响至深，在战争期间就引起各国海军高度关注，北洋舰船战败与沉没原因众说纷纭。时至今日，国内外史料庞杂，导致海战细节错综不清，仅百余年时间，各沉舰确切位置已不能确认，水下残损情况更是不明。因而，致远舰的水下调查资料弥足珍贵。

一、水下考古

中国水下考古从20世纪80年代末发展至今已有30年，实现了行业的跨越式发展。自进入21世纪以来，已完成考古人员梯队建设与专业设备购置，具备独立开展大规模水下考古工作能力，再加之2014年9月"中国考古01"船的投入为现场调查提供更为有力的支撑。甲午沉舰考古调查正是在这样的背景情况下有条不紊地开始工作，并根据每年的工作进展逐步深入推进，最终将致远舰的水下面貌揭露出来，每年的工作成果与进度在本书相关章节内均有表述。

调查目标归结于为掌握水下沉舰的基本情况，类似于摸底调查，并非全面的考古发掘。所以水下考古以揭露舰体的轮廓为出发点，局部地方采取解剖探沟的方式进行较大深度的抽沙，以获得重要部位的埋藏信息。截至2016年10月现场调查工作全面结束，已摸清了沉舰的残存情况与埋藏深度，并采取牺牲阳极的措施对铁质舰体进行了有效保护。实事求是地讲，受调查目标所定，调查获取的考古资料并不能反映沉舰的全部内涵，尤其是舱内的结构。

致远舰调查开启了对大型沉舰的水下考古调查与研究工作，是以往中国水下考古甚少接触的一个领域。大型钢铁战舰，其体量巨大（致远舰残存铁质 1600 吨），数十倍于传统木质帆船，在启动致远舰调查之前，我国还没有针对钢铁沉舰的较成熟的水下调查工作方法，加之致远舰埋藏复杂，破坏情况严重，给最初的水下考古调查与确认带来一些困扰。随着工作开展与经验积累，我们对于大型沉舰的调查方法也得到及时总结与改进，本书也在相关章节予以说明，期望有助于以后类似的沉舰考古工作。

二、性质确认

致远舰的认证是一个严谨的过程，在考古期间，我们也不时咨询行业专家，并查阅大量资料。整个确认工作是一步步推进的过程：2014 年春季物探调查结束，锁定沉舰在海底的埋藏位置，并推测为北洋海军的一艘甲午沉舰。2014 年秋季考古调查结束，将目标缩小为致远舰或超勇舰。2015 年的考古调查进一步确认沉舰是致远舰。2016 年调查期间又发现了时任致远舰大副陈金揆使用的望远镜，再一次印证沉舰身份为致远舰。

其中，2015 年的考古调查取得突破进展，发现了"致远"篆书餐盘、方形舷窗、鱼雷引信等一系列关键性的考古实物，指向性明显。待考古工作结束，2015 年 11 月 4 日，国家文物局水下文化遗产保护中心与辽宁省文物考古研究所在北京组织召开"'丹东一号'水下考古项目专家论证会"，邀请考古学、海军史、舰艇与武器装备史等相关领域的专家学者对项目成果进行科学论证。通过查看实物与质询，与会专家一致认为，从目前所掌握的考古实物证据，结合文献档案资料判定，"丹东一号"沉船应为致远舰，沉舰身份得到确认，并对沉舰以后工作提出新的要求。在此基础上，2016 年又开展了一期调查工作，确认了致远舰的确切埋深与遗物散落范围。

三、现场宣传

水下考古调查工作常吸引公众关注，致远舰的调查尤其牵涉到国人更多的爱国情怀，在工作期间，时常感受到来自社会各界的高度关注，为回应社会关注、落实公众考古举措，我们在工作中尽可能做好致远舰的宣传工作，并举办了不同形式的报道活动。

综合而言，考古期间的宣传工作包括现场报道、直播、媒体见面会三种形式。2014 年9 月 30 日～10 月 3 日，中央电视台连续做了四次新闻报道，讲述黄海海战史实与考古工作收获。2015 年 10 月 4 日～5 日，又直播报道"致敬·致远舰——'丹东一号'甲午海战沉舰水下考古直播特别节目"，结合现场出水文物更加深入地介绍水下考古调查工作。此外，2015 年 10 月 9 日在考古工作结束时召开了丹东媒体见面会。这几次的宣传报道客观地介绍了最新的考古发现，并科普中日黄海海战历史，取得良好的收视反馈。相对一般考古项目而言，致远舰的宣传报道比较多，其规模不亚于 2010 年"南澳 I 号"沉船水下考古发掘、2014 年"南海 I 号"沉船发掘项目。

四、实验室保护工作

出水文物在现场有做临时性的分类保护，待调查工作结束时，又迅速启动出水文物的实验室保护工作。每年出水文物全部运抵北京，委托中国文化遗产研究院出水文物保护科技实验室进行专门的保护处理，按年度安排出水文物保护工作。出水文物按不同材质进行处理，一般按除锈、脱盐、干燥、固封的过程进行，鉴于战舰的时代特性，尤以铜器去除凝结物、铁器除锈、木器脱盐脱水为重点，其中也包括对一些遗物材质的分析与研究。经过两年时间的保护处理，大部分铜、瓷质地文物的状态趋于稳定，并选用于甲午沉舰水下考古的展览文物。在保护处理时也有一些新的发现，诸如加特林机枪（Gatling Gun）在除锈时意外发现锈层下的铭牌，标示了生产厂家、生产年代等信息；锁具在除锈后也显示出生产商标，此类信息有助于对文物的研究认识。2018 年国家水下文化遗产保护青岛基地建成使用，由其承担致远舰所有出水文物的后续保护工作。

五、本书编排

本书内容章节分为五个章节，以记录现场考古调查工作及考古发现为主，现场宣传、实验室保护等工作并未纳入，此部分内容在前言简略介绍。

考古调查工作前后达 4 个年度，虽然时间跨度较长，但从工作内容上仍旧前后衔接紧密，尤其是沉舰身份的认定，是在整理历年考古调查资料、广泛收集文史档案之后，才形成相对全面与中肯的认识，所以 4 个年度的调查工作最终考虑集中在一起编写，简述每年任务目标时再分年度进行。

调查伊始，以"丹东一号"为命名进行资料统计。虽然，2015 年调查已确认"丹东一号"的身份为致远舰，考虑到工作的连贯性，在 2016 年延续水下调查工作时仍旧采用"丹东一号"的称谓，包括在出水文物登记时仍使用编号 2016DD（2016 年丹东），在需要的时候再加上"致远舰"。

从工作内容讲，致远舰遗址只是调查工作，时间所限，舰体绝大部分并未清理揭露，现有的考古资料仍不足以解答黄海海战战败、舰船内部结构等细节问题，本报告中也会提及，以便学界同仁继续努力，或提示未来有可能重启考古发掘工作时予以注意。

愿以本书的出版向所有支持和关心调查工作的各位领导、专家和同志表示由衷感谢！

目　录

第二章　水下考古工作

第三章　沉舰概况

插 图 目 录

插 表 目 录

第一章 绪论

　　2013 年 11 月，为配合辽宁丹东海洋红港区基本建设项目，国家文物局水下文化遗产保护中心和辽宁省文物考古研究所合作开展基建海域内的水下文化遗产调查，在丹东市海洋红港渔业码头南约 22 千米，丹东市大东沟（原鸭绿江口入海口）西南约 50 千米处的黄海北部海域发现了一处清末钢铁沉船遗址，并命名为"丹东一号"沉船，后经过连续 3 年的调查和研究，最终确认其为甲午黄海海战中沉没的北洋海军巡洋舰——致远舰 [1]。

　　甲午黄海海战，又称大东沟海战，是甲午战争期间，中日双方海军 1894 年 9 月 17 日，在黄海北部"东自丹东大东沟、西至庄河黑岛海面" [2] 海域，发生的一次主力决战，此次海战规模之巨大，战斗之激烈，时间之持久，影响之深远，在世界近代海战史上都是少见的。经此一役，北洋海军 600 余名官兵牺牲 [3]，先后共损失五艘战舰，其中，超勇、致远、经远三舰交战时即被击沉；扬威舰重伤冲滩在大鹿岛南部海域搁浅、广甲舰撤退时在大连市三山岛处触礁搁浅，两舰次日被巡视战场的日舰发现并予击沉。此后，清政府采取了"避战保船"的消极防御战略，致使黄海制海权尽落入日本海军手中，甲午战争最后胜利的天平向日方倾斜，以威海保卫战北洋海军全军覆灭而落幕。海战之时，以致远舰管带邓世昌为代表的北洋舰队广大官兵表现出的威武不屈的民族气节和至死不渝的爱国情怀，永远彪炳史册。而甲午海战的事发之地即在丹东市的西南部海域（图 1-1）。

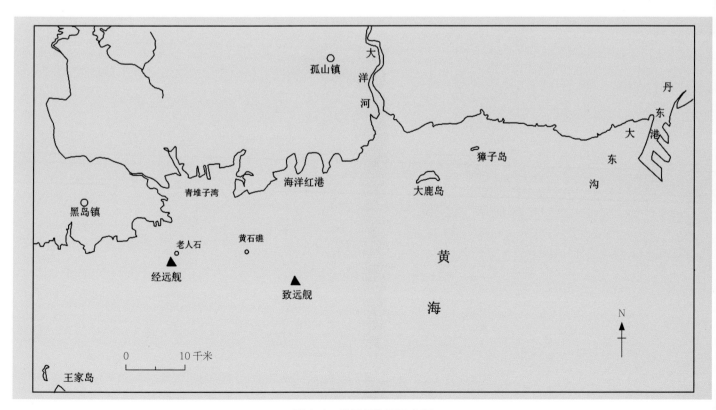

图 1-1　致远舰位置示意图

第一节　地理环境

一、位置

丹东市属于辽宁省管辖，位于省境东南，辽东半岛经济开放区东南部鸭绿江与黄海的汇合处，东北亚经济圈的中心地带，地理坐标为：东经124°23′，北纬40°07′，是我国面积最大的边境城市，南临黄海，东南隔鸭绿江与朝鲜民主主义人民共和国相望，北和东北以兄弟山、摩天岭、浑江与本溪市、吉林省通化市为邻，西以唐帽山、老轿顶山与鞍山、营口市为界，西南以高岭山与大连市接壤[4]。1992年其下辖的岫岩满族自治县划归鞍山市[5]。截至目前，丹东市下辖振兴区、元宝区、振安区、东港市、凤城市和宽甸满族自治县，总面积约1.52万平方千米[6]。

二、地质

丹东地区大地构造单元属于中朝准地台胶辽台隆营口—宽甸台拱和太子河—浑江台陷的边缘地带，丹东市沿海属于辽南慢隆区的东延部分。丹东地区始终处于不均衡缓慢上升之中。晚三叠世至第四纪为大陆边缘活动阶段，形成了北东向为主的褶皱和断裂构造，并伴随强烈的岩浆活动。第四纪全新统主要分布在河流两侧及沿海地带，沿海地带有海相及海陆交互相沉积，山间洼地还有湖泊相沉积。东港市海滨一般为淤泥质亚砂土粉细砂淤泥质亚黏土、泥质草炭等，其他处一般为风化碎石、砂土及亚黏土、沙砾组成。沿海地带全新统泥炭层^{14}C同位素测定，年龄值为0.25万～0.8万年。该地区矿产丰富，种类繁多，金属、非金属矿藏达50多种，20世纪80年代，硼和玉石储量及开采量居全国第一位，黄金和铅锌产量也十分丰富[7]。

三、地貌

丹东地区为辽东山地丘陵地貌，北高南低，北部是海拔千米以上的中、低山侵蚀构造地形，山脉整体走向是北东东至南西西向，最高山峰为花脖子山，海拔1336.1米；中南部是遭受中等切割的山地丘陵，属构造侵蚀依次降低的阶梯状地貌；向南至黄海沿岸渐渐变为低丘和宽达数十千米波状起伏的带状平原，海拔 2～3 米，属于海蚀和堆积地形。河流两侧由于不均匀上升运动的影响形成了三级阶地。北黄海属于半封闭型大陆架。地貌的基本轮廓是中生代时燕山运动形成的[8]。鸭绿江、浑河、瑗河和大洋河为区内最大河流，均注入黄海。鸭绿江，汉朝称马訾水，唐代为鸭绿水，宋以后称鸭绿江，因江水绿如鸭头而得名。鸭绿江口潮汐一般可以波及大沙河口，大潮时可以影响到距离江口 54 千米的马市台。在口外属于不规则半日潮，在口内属于不规则半日浅海潮[9]。

丹东市黄海沿岸零碎分布着大小不一、高矮不等的石英岩构成的海蚀残丘。从丹东市西部菩萨庙镇观海山，向东经大孤山至前阳附近的窟窿山，长约 60 千米的范围，统称沿海山脉。其中除大孤山较高大外，其余山脉均矮小分散，海拔几十至百余米，孤立于东港市南部沿海，扼守海疆，地理位置十分重要。其主要山峰大孤山位于丹东市西南 78 千米的东沟平原，主峰海拔 337.3 米，方圆约 7 千米，东临大洋河，南濒黄海，孤峰凸起，雄视海疆。其南麓的孤山镇曾是古代当地重要的海运码头和商业贸易集镇[10]。

四、气候

丹东市位于亚欧大陆东岸的中纬度地带，辽东半岛东南侧向阳坡上，地处东亚季风区，属于南温带湿润区大陆季风性气候，气候湿润，四季分明，是东北地区最温暖湿润的地方，受季风、雾等气候因素影响较大。

（一）温度

本区域年平均气温在 6～9℃ 之间，气温南高北低，呈梯度变化明显，冬季南北气温差异大，山区和沿海温差可达 8℃，夏季南北气温差异几乎消失。受季风影响，气温随季节变化幅度也很大，最冷月份在 1 月，最热月份在 8 月，年较差达 31.4℃[11]（表 1-1）。

表 1-1　丹东市区各月平均气温表

（单位：℃）

月份	1	2	3	4	5	6	7	8	9	10	11	12
平均气温	- 8.2	- 5.3	0.9	8.4	14.7	19.2	23.0	23.2	17.9	11.0	2.7	- 5.2

（二）降水

该区域降水量充沛，一般年平均降水量在 800～1200mm 之间，除西部和沿海岛屿外，大部分降水在 1000mm 以上，是我国北方降水最多的地方。降水形式以暴雨为主，雨量季节分布不均匀，主要集中于夏季，因此，容易造成水涝等自然灾害。

（三）风

该区域是东北地区大风天气最少的区域之一，大风天气年平均日数为 21.7 天，年平均日数最多的 39 天，最少的仅 11 天，1、2、4 月较多，6 ~ 9 月较少，年际差异较大，地域上，沿海大风日数明显多于山区，8 级以上大风天气主要发生在沿海。该地区风向以偏北风为最多，偏南风次之，受季风影响，春季北风占优势，但风向多变，秋、冬两季偏北大风盛行，夏季南风大风盛行，季风现象十分明显 [12]。

（四）雾

环渤海各市全年雾日平均在 10 ~ 20 天，辽西山区较少，少于 10 天，而丹东地区及黄海北部是东北环渤海地区的多雾区，较多的东港市年平均雾日可达到 50.8 天。雾日的地域分布特点是海中多于沿海，沿海多于山区。类别上，又分为陆雾和海雾，陆雾以市区和东港最多，多发生在每年的 6 ~ 8 月，1 ~ 2 月较少。黄海北部是我国海雾多发区，海雾成因不同于陆雾，73% 为平流雾，多发生于春、夏、秋三个季节，雾区形状不规则，大小不一，宽度最大可达 230 千米，最小约 9 千米，以 30 ~ 50 千米为多 [13]。

（五）冰冻

辽东半岛东南沿岸海区冬季都有不同程度的冰冻现象，丹东沿海主要集中在当年 11 月至翌年的 2、3 月，特别是每年的 1 月中旬至 2 月中旬，区域上以鸭绿江口最为严重 [14]。

五、黄海北部海域

（一）海岸及港湾

丹东市大陆海岸线长约 125 千米，海域总面积约 3435 平方千米，沿海滩涂约 328 平方千米。从鸭绿江口至大洋河口一带，属于河、海淤积的淤泥质河口海岸，堆积高度 4 ~ 5 米，呈带状分布。岸线浅滩平直，其上零星分布着 10 ~ 20 米的独立海蚀残丘，潮间带以粉砂为主，泥质粉砂次之。中高潮区主要分布灰黄色泥质粉砂，中低潮区则以粉砂为主。海岸滩面一般宽 3～4 千米，河口处宽达 8～9 千米，坡度在 1‰以下[15]。《民国安东县志》称：（安东海岸）平直而浅，绝少港湾，唯大东沟口外，水深可以停泊。安东濒临江岸，东尖头、大沙河口等处均为帆船停泊地。开埠后，自小沙河口鸭绿江横一直线起，至日本居留地西南界铁道路止为轮船停泊地，后于三道浪头为安东内港，一千三四百吨的中外汽船才可以航行出入或定泊于此[16]。

同为黄海海战海域的丹东市大洋河口以西，包括庄河市沿岸一带，为典型的岬湾型淤泥质海岸，岸线曲折，岬湾相间，东起南尖镇单坨子，西至尖山乡碧流河口，海岸线长 215 千米。岬角处为陡崖，一般高 10～20 米。湾内底质为较细的粉质淤泥物质[17]，海岸性质为基岩、石砾和沙砾海岸。《民国庄河县志》记载："（庄河县）岸线屈曲，商舶碇处随在有之"。甲午战争，日军就是在庄河花园口、青堆子、南尖头等处登岸。清光绪五年，庄河县内可利用的河运、海运自然口岸有 22 处，后因泥沙沉积而淤塞，民国时期，庄河市沿岸重要口岸有 15 处，即打拉腰子、十八点、樱桃山、牛石圈、流网圈、青堆子、冷于沟、南尖头、杨家大圈、小洋河口、东隈子、大孤山、唐儿府、花园口和尖山口[18]。

（二）岛礁

丹东沿海海域共有岛礁 32 座，暗礁 8 座，海岛海岸线长 34.2 千米，主要集中在大洋河口和鸭绿江口一带，其中面积 500 平方米以上的岛礁有 23 座，除大鹿岛、獐岛（小鹿岛）和小岛外，其余为无人岛[19]。大洋河口西侧的庄河同属甲午黄海海战战场，境内沿海岛屿众多，达 89 个，最大岛屿为庄河入海口东侧的蛤蜊岛[20]。其中明确作为甲午黄海海战地理坐标之一的大鹿岛，位于丹东东港市大孤山镇南约 19 千米的北黄海海域中，四面环海，主峰位置为东经 123°44′，北纬 39°46′，呈东西走向，最长处 4 千米，最宽处 2 千米，面积 6.6 平方千米，岛岸线长达 12.15 千米[21]。大鹿岛兀立海面，地势险要，为历代兵家必争之地，明末总兵毛文龙抗击后金，曾驻兵于此，现岛上还存有一方毛文龙碑。大鹿岛西南海域就是甲午黄海海战的主战场。

（三）海水盐度

黄海北部海域水质较好，营养盐含量高，海水盐度较低，垂直变化梯度小。根据辽宁省 1975～1980 年海洋调查资料，丹东地区沿海海水盐度月平均值在 24.98‰～30.8‰，年平均值为 27.66‰；海水温差大，低温时间长，鹿岛外海平均水温变化幅度在 −1.21～24.7℃之间[22]。

（四）海风

海洋红港海域海风呈较为明显的东南—西北季风特征，其风向 4 ～ 8 月多以 ESE ～ SSE 向风为主，9 月到翌年 3 月以 NNW 主导风向为主。台风主要发生在 7 ～ 8 月，此时海上风力可达 7 ～ 8 级，最大风速可达 28m/s，年平均影响为 1.4 次，风向多为 SE[23]。

2009 年 11 月 20 日至 12 月 21 日期间，天津水运工程勘察设计院有现场实测风速风向和海况，小潮测验期间海域最大风速为 3.4m/s，平均风速为 2.8m/s，风向以 N 向为主，观测海域海况约为 1 级，无浪。大潮测验期间海域最大风速为 7.6m/s，平均风速为 4.8m/s，风向多变，观测海域海况约为 2 ～ 3 级，观测后期，强阵风频繁，涌浪较大[24]。

（五）波浪

海域常浪向和强浪向为 SSE 向，出现频率为 34.7%；S 向为次常浪向，出现频率为 29.1%。波高小于 0.4m 年出现频率为 13%，0.5 ～ 1.4m 的频率为 20.5%，1.4 ～ 2.9m 的出现频率为 1.3%，浪向集中在 SSE 和 S 方向[25]。

（六）潮汐

丹东海域由于江河和近海地形影响，形成黄海北部大潮区潮差由西向东逐渐增大，在黄海北部、中国海岸鸭绿江口潮差最大[26]。丹东海域潮汐为正规半日潮性质，每个潮差相隔 12 小时 24 分钟，潮差以鸭绿江口为最大，向西逐渐减小。丹东海域属于开放于外海的海域，潮流旋转性很小，表现为往复式，潮流方向直指鸭绿江口，涨潮流向东北，落差流向南或南偏西，最大潮流速达 1.03 米 / 秒，落潮流速大丁涨潮流速，落潮历时比涨潮历时约长 2 小时[27]。

海洋红港区潮汐属正规半日潮，平均潮差为 4.07m，海流为旋转流，涨潮主流向 NE ～ NNE，落潮主流向 SSW ～ SW，涨、落潮段平均流速分别为 0.30m/s 和 0.28m/s[28]。水流强度，东部、中部和西部水域，涨、落潮平均流速分别为 0.38m/s、0.34m/s 和 0.35m/s，东部强于中部和西部，中部和西部水域水流强度相当；垂线上流速呈表层到底层逐减的分布趋势，底层流速约为表层的 67%[29][30]（表 1-2、表 1-3）。

致远舰水下考古调查工作开始时，比较有参考意义的是大鹿岛、海洋红港区的潮汐时间。2014 年调查期间在出发、返回时持续对海洋红港码头的潮差进行过实测，数据也存在一点缺环，或因潮位太低而住宿于海上，或偏晚无法外出测量（海洋红港码头为渔业码头，地处偏僻，前往只有小路需 1 小时车程）。全程累计下来，可以推算出：海洋红港区潮汐

表1-2　各验潮点潮位特征

（单位：米）

验潮站 潮位特征值	大洋河 （东部）	大鹿岛 （东部）	外海 （中部）	海洋红 （中部）	南尖 （西部）	平均
最高潮位	3.52	3.50	3.46	3.46	3.41	3.47
最低潮位	−3.26	−3.20	−3.20	−3.35	−3.44	−3.29
平均高潮位	1.88	1.85	1.81	1.75	1.72	1.80
平均低潮位	−2.19	−2.13	−2.13	−2.17	−2.14	−2.15
平均海平面	−0.11	−0.10	−0.11	−0.15	−0.14	−0.12
最大潮差	6.27	6.18	6.14	6.14	6.10	6.17
平均潮差	4.07	3.98	3.94	3.98	3.84	3.95
涨潮历时（h：min）	05：56	05：59	06：00	05：57	05：59	05：58
落潮历时（h：min）	06：31	06：27	06：26	06：26	06：24	06：27
观测天数	12	12	12	30	30	/

表1-3　2012年10月大鹿岛海域潮汐表

日期	满潮时间	满潮时间	日期	满潮时间	满潮时间
初一	8：40	20：50	十六	8：50	21：05
初二	9：10	21：25	十七	9：20	21：40
初三	9：45	22：00	十八	10：00	22：20
初四	10：20	22：40	十九	10：30	23：00
初五	11：00	23：20	二十	11：20	23：57
初六	11：40	23：55	二十一		12：05
初七	12：30		二十二	12：50	0：25
初八	1：10	13：30	二十三	1：15	13：45
初九	2：05	14：45	二十四	2：15	14：45
初十	3：10	15：40	二十五	3：20	16：00
十一	4：50	17：00	二十六	4：30	16：55
十二	5：55	18：30	二十七	5：40	18：20
十三	7：00	19：15	二十八	6：40	19：00
十四	7：30	20：00	二十九	7：30	19：50
十五	8：10	20：30	三十	8：10	20：25

较大鹿岛要早10分钟左右（表1-4）。致远舰遗址位于更靠南的海域，经多次测量，其潮汐时间又较海洋红港再提早10余分钟。另外，还需要考虑大、小潮期的水流变化，在初八、

表1-4　海洋红港码头潮差实测记录表

测量地点：丹东海洋红港渔港码头；记录者：周春水

日期	测量时间	水面距泊岸高度（米）	港区水深（米）	说明
4月5日（农历三月初六）	1. 11：25 2. 11：58 3. 12：21	3.40 3.36 3.39	3.00 3.04 3.01	11：58为高平潮，比大鹿岛高平潮时间提早10分钟
4月6日（农历三月初七）	1. 13：18 2. 13：39 3. 13：49	3.37 3.44 3.45	3.03 2.96 2.95	大鹿岛高平潮时间为12：49
4月7日（农历三月初八）	1. 13：00 2. 13：31	3.50 3.45	2.90 2.95	大鹿岛高平潮时间为13：39 实测本码头约13：30分平潮
4月8日（农历三月初九）				住宿海上，无法测量
4月9日（农历三月初十）	1. 16：35 2. 16：50	3.91 3.98	2.49 2.42	大鹿岛高平潮时间为16：02
4月10日（农历三月十一）	1. 5：30 2. 16：16	4.96 4.50	1.44 1.90	大鹿岛早上高平潮时间为4：59，傍晚高平潮为17：11。可提早或延后1个多小时出、入码头。渔船吃水1.2米
4月11日（农历三月十二）	1. 5：46 2. 17：30	4.10 3.40	2.30 3.00	早上高平潮5：40 傍晚高平潮18：00左右
4月12日（农历三月十三）	1. 7：20 2. 16：47	3.40 4.20	3.00 2.20	早上高平潮6：20 傍晚高平潮18：30左右

日期	测量时间	水面距泊岸高度（米）	港区水深（米）	说明
4月13日 （农历三月十四）	1.7：55 2.17：00	3.44 4.85	2.96 1.55	早上高平潮7：00 傍晚高平潮19：10 因而17：00回港时水位低，船距泥底仅30厘米
4月14日 （农历三月十五）	1.8：50	3.15	3.25	早上高平潮7：30 傍晚高平潮19：50分左右
4月15日 （农历三月十六）	1.8：50	3.20	3.20	上午高平潮8：10 晚上高平潮20：28左右
4月16日 （农历三月十七）	1.6：12 2.15：00	4.75 6.40	1.65 0	上午高平潮8：48 晚上高平潮21：00
4月17日 （农历三月十八）				潮差太晚无法回港，休整一天 当日无测量
4月18日 （农历三月十九）	1.11：09 2.12：02	2.65 3.15	3.75 3.25	上午10：10分高平潮 另一高平潮时间已是深夜
4月19日 （农历三月二十）				住宿海上，无法测量
4月20日 （农历三月廿一）				住宿海上，无法测量

日期	测量时间	水面距泊岸高度（米）	港区水深（米）	说明
4月21日（农历三月廿二）	1. 15：50	4.80	1.60	午后为高平潮时间。赶在低于渔船1.2米吃水线前回港
4月22日（农历三月廿三）				潮差时段调不开，休整一天
4月23日（农历三月廿四）	1. 4：40	3.90	2.50	清晨2：20高平潮下午15：00高平潮
4月24日（农历三月廿五）	1. 5：30 2. 15：50	3.70 3.35	2.70 3.05	清晨3：40分高平潮下午16：10高平潮

注：测量高度以码头泊岸高度为基准，向下量至海水面止。泊岸面至泥面高6.4米。

廿二前后一周之内为小潮时段，由于潮差较小，潮流较缓，可以适度延长潜水作业时间。掌握当地准确的潮汐时间对于后续潜水工作大有裨益，也正是较精准测量了工作海域的潮汐变化，对于科学制订潜水计划和确保潜水安全发挥了关键作用。

（七）环流

黄海环流具有气旋式环流的性质，黄海暖流和沿岸流构成黄海环流的主体。黄海暖流在北上过程中，因受沿岸流及气象条件影响，随着进入黄海的距离增加而减弱。当暖流到达北纬35°附近时，向左侧分出一小支，与南下的黄海西岸沿岸流构成一个逆时针的小环流。主流继续北上，到了成山角以东，又分出一小支向东，汇合黄海东岸沿岸流南下。进入黄海北部的暖流系脉，主要向西从渤海海峡北部进入渤海，此时势力已经非常微弱，当它抵达渤海西部时，因受陆地阻挡分成两支：一支进入辽东湾构成右旋环流，另一支渤海南部成为左旋环流。黄海暖流的流速在每小时0.2～0.3节左右，由于黄海是强潮流海区，相比之下，海流就很弱，海流流速只有潮流流速的 1/10 左右，流向亦比较稳定，一般是冬季强，夏季弱[31]。夏季环流对水下考古的潜水活动影响较小。

（八）海底表层沉积物

海洋红港区表层沉积物粒径自大洋河口向西侧浅滩粒径逐渐变细，大洋河口附近 D50 大于 0.05mm，近岸区为 0.03 ~ 0.06mm，2 ~ 4m 水深底质粒径平均约为 0.03mm。海域沉积物以沙质粉沙为主，黏粒含量约 10% ~ 15%，分选系数 0.8 ~ 1.8[32]。

全新世以来，北黄海沉积主要来自黄河，黄河细颗粒物质在黄海暖流、沿岸流及潮汐波浪作用下，被输送至北黄海沉积，鸭绿江及大洋河入海物质在沿岸流及黄海暖流的作用下，沿岸沉积[33]。北黄海中部沉积物主要是砂质粉砂，其中以粉砂组分为主，砂组分含量低于 20%，黏土组分含量超过 15%[34]。辽东半岛东南近岸泥质沉积区与悬浮体含量高值区存在较好的对应关系，悬浮体含量从表层水至底层水呈现明显的增加趋势。

（九）水体浊度

辽东半岛沿岸水体浊度较高，北黄海中部海域浊度较低。夏季，北黄海海域水体浊度分布呈现出近岸浅水区浊度高，远海深水区浊度低，南北高，中间低的分布特征，浊度分布与等深线分布较为相似，北黄海中部海域水体浊度始终维持最低。冬季，北黄海水体浊度较夏季有显著的增加。受季风及沿岸流增强影响，辽东半岛东南沿岸的沉积物再悬浮显著，形成明显的沿岸高浊度带，最高浊度达到 24FTU[35]。

（十）水体含沙量

海洋红港区海域涨落潮平均含沙量为 0.03kg/m³，垂线平均最大含沙量为 0.2kg/m³，表明该海域水体含沙量较小。水体含沙平均中值粒径 D50 为 0.0094mm[36]。

（十一）水生生物

黄海由于大陆径流小，环境比较稳定，近岸浮游动物数量少，四季度月平均值为 65.95mg/m³，总生物量的季节变化以冬季（2 月）最高，平均达 83.8mg/m³；夏季（8 月）最低，平均仅 49.7mg/m³；春季（5 月）的和秋季（11 月）的分别为 72.6mg/m³ 和 57.7mg/m³[37]。黄海北部海域浮游动物种类组成较丰富，大多属广温广盐性近岸种类，群落结构属于较典型的北方海域广温近岸低盐群落。浮游动物以小型桡足类为主，约占浮游动物总丰度的70%；其次为浮游幼体，约占总丰度的20%[38]。

丹东地区淡水藻种类多，有记录的有80属83种，绿藻最多，约占40.%，而沿海藻类种类比较匮乏，据调查，仅有20余种。水生及沼生维管束类约20科48种。

丹东地区沿海水生动物种类繁多，以脊索动物、软体动物和节肢动物最多。其中软体动物有经济价值的就有17科31种，节肢动物主要是、蟹两类，合计有16科32种，有脊椎动物亚门鱼纲的种类共37科68种，多为海淡水洄游种[39]。

黄海北部是中国辽宁省海洋捕捞业传统渔场之一，也是中国开展资源放流增殖活动的重要海域。历史上该海域的中国对虾、小黄鱼、带鱼等大宗经济种类资源丰富[40]。据统计，该海域鱼类约有250种，虾、蟹等甲壳类和乌贼、蛤、螺等软体动物合计超过200种，重要的经济鱼、虾类，多数作季节性洄游，一般春季从越冬场游向近岸河口进行生殖，夏季分散索饵，秋末返回离岸较远的越冬场[41]。

水下考古期间，我们对遗址中的贝类进行了分类采集，拣出的种类（丹东称谓）：香螺、海胆、白蛤、白蚬子、黄蚬子、毛蚶、蚌、扇贝、藤壶、辣螺、扭蚶、牡蛎、淡菜、海螺。前9种有见到活体，后5种仅见外壳，沉舰遗址中以藤壶与牡蛎壳堆积最多（图1-2、图1-3）。

六、调查时间的选择

水下考古工作常受制于当地海洋气候条件，其中最需考量的因素是水温与海面风速。综合本章节内容，调查海域以7～9月的时段最为有利，在此期间适于出海作业，具备水温适宜、海面风浪较小、环流影响较小、水体浊度相对冬季要好、海雾少见等优势，能提高工作效率、降低海上作业风险。实地调查也证实了这一点：2014年4月，在潜水探摸物探疑点时，底层水温低至3℃，潜水员面临失温风险，而且海上多雾，影响到行船安全。从2014～2016年夏秋季开展的重点调查来看，8月有效工作日最多，到9月下旬西北风日益增强，不时需撤回港区避风，工作效率大受影响，再晚到10月中旬，风大浪急，完全失去出海作业条件。统计三个年度8～10月份的出海调查天数（表1-5），也能说明最佳的出海调查时间应选择在7月中旬～9月中旬，时间偏早则水温过低，偏晚则风浪加大。

图1-2 遗址中的贝类

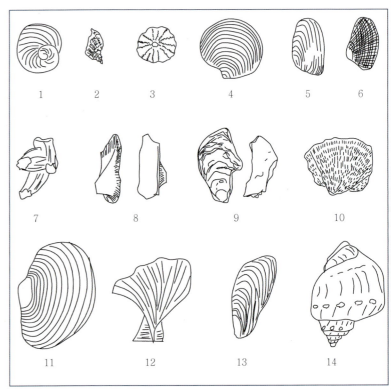

图1-3 贝类手绘图

1. 香螺 2. 辣螺 3. 海胆 4. 白蛤 5. 白蚬 6. 黄蚬 7. 藤壶
8. 扭蚶 9. 牡蛎 10. 毛蚶 11. 蚌 12. 扇贝 13. 淡菜 14. 海螺

表1-5　2014～2016年致远舰调查工作时间统计

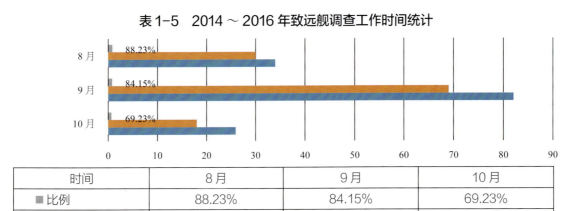

时间	8月	9月	10月
■比例	88.23%	84.15%	69.23%
■出海调查天数	30	69	18
■自然天数	34	82	26

第二节 历史沿革

一、行政区划 [42]

丹东市历史悠久，早在 1.8 万年前的"前阳人"就在这片区域上开始生活，新石器时代以后进入氏族社会。唐尧时期为青州之地，虞舜时期归为营州，启建立夏朝后仍属青州，商复为营州，战国时期属燕国辽东郡，曾于丹东"筑障塞"以自卫，秦朝建立郡县，属辽东郡，为卫戍边陲。

汉初属于燕国，仍属辽东郡。平定燕王反叛后，于丹东地区设置西安平县、武次县，为驻兵城堡。汉武帝元朔元年置沧海郡，三年罢之。元封三年，平朝鲜，置真番、临屯、乐浪和玄菟郡，属玄菟郡。新莽建国元年，改武次县为桓次县，西安平县为北安平县，仍属辽东郡。东汉，建武六年废桓次县，保留西安平县，汉末，公孙度据辽东，自号平州牧，县属之。魏明帝景初二年司马懿讨平辽东，公孙渊分为平州，后合为幽州。晋属辽东国，后仍隶平州。东晋为慕容廆所据，太和五年属苻坚，太元十年属慕容垂。唐总章元年，初平高丽属安东都护府，后属渤海为东京龙泉府。五代后唐时仍属渤海，明宗天成三年契丹陷平州，又陷营州，地遂入于辽。辽初，隶东平郡，称开州，辽开泰三年置开封府开远军，寻更名为镇国军，属东京道。金，设岫岩县，地属东京路，建婆速路，治所婆速府在九连城。元属东宁路。明时辽东置卫二十五，置辽东都指挥司统领，县境于永乐十二年九月置宣城卫，万历中置镇江堡。清初与朝鲜以鸭绿江为界，为边外巡防地，隶岫岩城守官。

清代乾隆三十年设岫岩厅，管辖现在丹东、庄河及海城南部地区。乾隆三十七年，隶岫岩城理事通判。道光七年改为岫岩凤凰城海防通判辖境，道光二十一年，耆英奏请将獐岛（今东港市小鹿岛）和鹿岛（今东港市大鹿岛）分别划归凤凰城和岫岩旗民地方官管辖。光绪二年析大东沟以东至河地设置安东县，隶属奉天府凤凰直隶厅。光绪三十二年安东县归奉天省东边兵备道辖。宣统元年东边道改名兴凤道，又属兴凤兵备道管辖。

中华民国因之，设立安东县、岫岩县、凤凰城（凤城县）、宽甸县，属于奉天省东边道。

二、航路变迁

古代丹东地区虽为朝鲜入贡官道所经之地，但是陆路崎岖，道路狭窄，往来贸易不便。相反，因为濒临鸭绿江下游，上通鸭、浑二江，下通黄、渤二海，水路交通相对便利，到清末民国繁盛一时。

清朝初期，曾将辽东设为"龙兴之地"，将其划为禁地，故人烟稀少，直至同治十三年（1874年）方才解禁。1905年丹东开埠，辽东半岛东南沿海逐渐成为东北对外贸易的前大门。随着辽东半岛东南沿海的开发，丹东水路、海路交通日益发达，沿海、沿江港口日益繁荣，出入的船只包括了沙船、改撬、红头、瓜蒌、燕飞、槽子、尖嘴、封尾、敞口艚、舢板、独木舟、水橇等十余种中国传统船和中外大小汽船。

根据《民国安东县志》记载[43]，民国时期，安东航路如下：

（1）由三道浪头港湾起，沿鸭绿江下驶，经蚊子尖、挂网沟、赵氏沟，至大东沟江口入海，潮水涨时，一千三百吨的汽船可以航行，航路可以抵达奉天、天津、山东、江苏沿海各口岸。

（2）由三道浪头港湾起，沿鸭绿江上驶，经五道沟、六道沟，安东县马市台，至矶子沟出境，二三百石之帆船可以航行，航线可以前往宽甸、辑安、通化、临江沿江各地。

（3）由太平村燕窝暖河口起，上经老龙头、九连城、三道湾、石头城、梨树沟、榆树林，至吴家河口出境，入凤凰城界，可以通行漕船。

同属辽东半岛东南岸、黄海北部沿岸的庄河，海岸线更加曲直绵长，沿海港湾较多，古人称之为"商舶碇处随在有之"。据《民国庄河县志》记载[44]：该处航路可分为两种，一为县属航路，一为他属航路。

（1）县属航路

清末原有江运、海运自然港湾20余处，由于淤塞原因，民国时期，主要港湾有16处，可通航运，包括打拉腰子、南船坞、十八点、樱桃山、牛石圈、流网圈、青堆子、冷于沟、东潮沟、南尖头、杨家大圈、小洋河口、唐儿府、花园口、尖山口和孤山洋河口。打拉腰子水深，可以停巨舶，结冰期短，所以每年初冬在此装载。南船坞，为庄河口，可以停泊风船，载重数十石或者百余石者，百余年前可以从河口上溯至大庄坞；青堆子河口与南船坞一样，夏秋季节水涨时，舢板随潮沿河漂运；孤山大洋河口，数十年前商船由河口上溯，直泊孤镇奎星楼下，最为繁华。民国后，因江口淤塞，船坞南移大湾子。

（2）他属航路

主要是海路，航行黄海、渤海，直通外省，可达营口、大连、天津、芝罘、虎头崖、乐家口子、安东和上海等各省口岸。

第三节 历次打捞工作简述

甲午海战后，北洋海军的甲午沉舰均遭到日方长期的破坏和拆卸，致远舰首当其冲，以 1937～1939 年的破坏最为严重。中华人民共和国成立后，为了教育后人，弘扬爱国主义情怀，有关部门也曾先后多次组织力量，试图寻找和打捞致远舰，但是因为种种原因，一直没能成功，其中规模较大的有两次，分别是在 20 世纪 80 年代和 90 年代。

一、日方战后对致远舰的拆卸和破坏

甲午黄海海战结束的次日，日本联合舰队再次驶入黄海北部的交战区，用鱼雷炸沉了半浮状态的扬威舰。此时，致远舰沉没后，桅盘在每天低潮时段还能出露水面，随即桅盘内的武器被日本海军拆走[45]，其中的一门加特林机枪作为战利品至今还陈列于日本的三笠公园。

20 世纪 30 年代末，日本在中国及东南亚等四处搜刮废旧的钢铁和铜材，以满足日本军国主义对外扩张侵略和国内工业经济迅速发展的需要。1938 年，日本派出"安德丸"和"神甫丸"两艘打捞船来到大鹿岛，对黄海海战沉舰进行了长达两年半的拆卸。大鹿岛村民李贵彬、于永灵两位老人为见证者，其中，李贵彬老人于 1938 年亲身经历过日本人拆解"致远舰"一事，于永灵老人曾与水下破拆"致远舰"的潜水员王绪年朝夕相处，故对水下拆解沉舰情况所知甚详。20 世纪 90 年代，地方文物工作者有对两位当事人的访谈记录[46]（原文见附录四）。

按李贵彬老人的自述，1938 年日本军队拆解"致远舰"，其在日本往大连的运铁船上干活，"致远舰"位于黄石礁附近，相距黄石礁约 1.5～3 千米，日本人打捞时立有一根系船索用的木桩。水下破拆使用炸药，有亲眼看见打捞上铁板、螺旋桨叶、铜盘等物件。

按于永灵老人的自述，其邻居王绪年被日本人征用做潜水员，参与了"致远舰"的拆解，所讲的水下信息均来自以前与王绪年的聊天回忆。破拆由潜水员用炸药在水下进行，拆解钢材前后两年半时间，双螺旋桨叶也拆下来一个，沉舰在水下不深，满潮也就 8 托水。其最重要的信息是在沉舰的指挥室发现了一具遗骸，并认定是"邓世昌"，最后将遗骸带上来，葬于大鹿岛上，即今天大鹿岛上的"邓世昌墓"。

二、中华人民共和国成立后的打捞活动

中华人民共和国成立以后，为了教育后人，弘扬爱国主义思想，告慰前人，各级相关部门多次组织力量寻找和打捞致远舰，社会一些热心人士、企业也参与其中，规模较大的有 1988 年和 1997 年的两次，但是，最终都以失败告终。

（1）1984 年东沟县政府（今东港市）就开始组织力量，着手致远舰调查的前期资料准备。1988 年辽宁省文化厅筹集资金，组织人员进行潜水探摸，但是在探摸时由于一名潜水员出现意外，此次调查和打捞工作随之搁浅。

（2）1997 年致远舰的调查和打捞是一次多部门合作、多层级参与、跨学科集成的工作，积极参加这项工作的不仅有国家相关部门、部队，还有社会热心人士和企业，可惜未能成功。大致经过如下 [47]：

早在 1993 年国家文物局批复同意成立"中国甲午黄海海战致远舰打捞筹备办公室"，但是因为经费不足，迟迟无法启动。1996 年上半年，国家文物局批复同意辽宁省文化厅合作打捞包括致远舰在内的四艘战舰，同年 8 月批准同意成立"打捞致远舰领导小组"，负责协调、管理有关打捞、建馆等项工作，筹备办公室在领导小组的指导下负责制定计划、组织实施等具体工作。次年，"国家打捞致远舰办公室"在大鹿岛成立，开始组织打捞筹备工作。

1997 年 3 月，"国家打捞致远舰办公室"在北京举行了打捞致远舰招标会，江苏江阴澄西特种工程有限公司最后中标胜出。1997 年 5 月 1 日，在东港市孤山镇大鹿岛正式揭开了调查和探摸致远舰工作的序幕。期间，海军航保部提供了 1960 年、1964 年通过物探初步测得的"致远舰"疑似位置。在历经 122 天的海上搜寻，先是在庄河市黑岛老人石海域发现了一艘沉船，采集到 3 枚铆钉、1 包煤渣和一件 390 毫米的圆形构件，结合沉船残存长度，推测为北洋海军的"经远舰"。稍后，宣布在大鹿岛附近海域确定了致远、扬威、超勇舰的大概位置。这三条沉舰的位置是否准确，仍存异议。

至此，"打捞致远舰领导小组"完成其历史使命，国家文物局撤销原"打捞致远舰领导小组"及"中国甲午黄海海战致远舰打捞筹备办公室"，暂时停止了国家层面的探摸和打捞计划。后续，丹东市政府与中国艺术研究院企业文化研究所自行成立"中国甲午黄海海战致远舰打捞办公室"，负责致远舰打捞筹备阶段的各项准备工作，但是没有实质性进展。

第四节　既往水下文化遗产调查

在 20 世纪 90 年代，中国水下考古尚处于起步阶段，力量不足，很难在上述打捞活动中发挥应有的作用。但是，考古工作者并没有放弃对这片海域的关注，自 20 世纪 70 年代以来，针对甲午海战中沉没的其他几艘战舰及周边历史时期水下沉船线索进行了几次考古调查，主要发现如下：

一、大鹿岛沉船遗址

大鹿岛沉船遗址位于丹东东港市孤山镇大鹿岛村东海域，1978 年退潮时，渔民首次发现局部裸露船材，1982 年 6 月辽宁省文化厅在大连海军防救大队的支持下对该沉船进行了探查，前后历时 25 天，找到了沉船，并打捞出水了一批文物[48]，1984 年再次进行发掘，出土了舵木框、铜板、铜锁、螺丝等船体构件和陶瓷质地的碗、盘、碟、壶和铜镜、明代铜钱等文物，其中瓷器以永乐青花碗、寿字青花碗为最多，年代推测为明末清初（图 1-4）。

图 1-4　大鹿岛沉船遗址发现的青花盘

根据舵木使用的螺钉、沉船位置，以及火烧情况，发掘者曾猜测该沉船与"甲午海战"有关，同时也指明证据不足 [49]。此后，因附近大洋河口的水文变化，该船又再度被淤埋起来。

　　2012 年 10 月，国家文物局水下文化遗产保护中心与辽宁省文物考古研究所联合组队开展沿海水下文化遗产调查，以大鹿岛为中心，包括周边海域共收集到 14 处水下疑点，并将大鹿岛沉船遗址列为核查重点，由于前期资料线索掌握不够精确，加之此时海况已趋恶劣（10 月已进入秋季北风天气），虽然调查队从事了大范围的物探扫测，对 2 处疑点进行潜水探摸，可惜没有找到沉船，大鹿岛沉船遗址最终未能确认 [50]。

二、大鹿岛无名将士墓 [51]

　　大鹿岛无名将士墓位于丹东东港市孤山镇大鹿岛村，2012 年 10 月大鹿岛水下调查时也进行过调研。据本岛渔民口口相传，1938 年被日本人雇用的村民王绪年潜水时从沉没于大鹿岛海域的沉舰中打捞出一具人体遗骸，大鹿岛民众将其葬在大鹿岛东口哑巴营内。据当事人于永灵老人回忆，为王绪年在替日本人打捞"致远舰"时，从指挥室打捞出来的民族英雄"邓世昌"的遗骸，不过具体是否为邓世昌本人遗骸、还是大副陈金揆或者其他官兵遗骸，争议甚大 [52]。

三、老人石沉船遗址

　　2014 年 8 月底，在"丹东一号"沉船重点调查工作的同时，调查队按经远舰的一些线索资料，赴庄河市黑岛老人石海域进行调查，顺利找到一艘铁质沉船。经实地调查，该沉船尚有部分船体高出海床 1～2 米，方向为北偏东 17°，残长 40 余米，船壳暴露于海床上（图 1-5），外壳上附着海洋生物，舱内外淤满泥土，搜寻时发现一枚德文的铜质铭牌。根据海战资料、比对日军拍摄经远舰沉没照片，可以推测该沉船是北洋海军另一艘沉没的军舰——经远舰。2018 年夏经过考古调查，找到"经远"舰舷墙处的铭牌 [53]。

　　而时至 21 世纪，水下考古行业已实现跨越式发展。当 2013 年为配合丹东港集团基建，启动海洋红港区水下文化遗产调查工作时，水下考古工作人员根据已有的文献资料，将工作重点锁定在寻找甲午沉舰上，采用科学的方法，通过海洋物探与潜水调查，最终发现并确认了致远舰。其中，2014 年确认沉舰位置；2015 年确定为致远舰身份；2016 年摸清舰体的埋深与保存状况。正是通过每年一个个小目标的实现，将沉舰的面貌逐步揭露出来，这也是水下考古作为一门学科与一般打捞活动的明显区别。

图 1-5　出露海床的经远舰钢铁舰体

注释

[1] 周春水、冯雷：《辽宁"丹东一号"清代沉船》，《考古》2016 年第 7 期，第 79–89 页。

[2] 《庄河县志》编纂委员会办公室：《庄河县志》，新华出版社，1996 年，第 825 页。

[3] 戚其章：《甲午战争史》，上海人民出版社，2005 年，第 116–147 页。

[4] 丹东市地方志办公室：《丹东市志》，辽宁科学技术出版社，1993 年，第 243 页。

[5] 陈潮：《中国行政区划沿革手册》，中国地图出版社，2007 年，第 36、37 页。

[6] 丹东市人民政府网站 https://www.dandong.gov.cn/html/DDSZF/202202/0164543725917411.html。

[7] 丹东市地方志办公室：《丹东市志》，辽宁科学技术出版社，1993 年，第 417–429 页。

[8] 丹东市地方志办公室：《丹东市志》，辽宁科学技术出版社，1993 年，第 443 页。

[9] 丹东市地方志办公室：《丹东市志》，辽宁科学技术出版社，1993 年，第 460、461 页。

[10] 丹东市地方志办公室：《丹东市志》，辽宁科学技术出版社，1993 年，第 456 页。

[11] 丹东市地方志办公室：《丹东市志》，辽宁科学技术出版社，1993 年，第 480 页。

[12] 高松影、刘天伟：《丹东地区大风气候事实分析》，《气象》2007 年第 8 期，第 98–103 页。

[13] 丹东市地方志办公室：《丹东市志》，辽宁科学技术出版社，1993 年，第 477–490 页。

[14] 程宜杰：《渤海及黄海北部海域水文要素的基本特征》，《中国科技信息》2006 年第 17 期，第 40、41 页。

[15] 秦蕴珊、赵阳、陈丽蓉等：《黄海地质》，海洋出版社，1989 年，第 15 页。

[16] 《民国安东县志》，成交出版社有限公司，1949 年，第 72、73 页。

[17] 秦蕴珊、赵阳、陈丽蓉等：《黄海地质》，海洋出版社，1989 年，第 15 页。

[18] 《民国庄河县志》，奉天作新印刷局，中华民国二十三年，第 235–237 页。

[19] 《民国庄河县志》，奉天作新印刷局，中华民国二十三年，第 235–237 页。

[20] 《庄河县志》编纂委员会办公室：《庄河县志》，新华出版社，1996 年，第 108 页。

[21] 丹东市地方志办公室：《丹东市志》，辽宁科学技术出版社，1993 年，第 471 页。

[22] 丹东市地方志办公室：《丹东市志》，辽宁科学技术出版社，1993 年，第 473 页。

[23] 尹长虹、刘林、彭玉生：《丹东港，海洋红港区口门位置选择与航道泥沙淤积分析》，《水运工程》2011 年第 9 期，第 142 页。

[24] 董海军：《丹东海洋红港水流潮汐特征分析》，《科技信息》2011 年第 28 期，第 345、346 页。

[25] 尹长虹、刘林、彭玉生：《丹东港海洋红港区口门位置选择与航道泥沙淤积分析》，《水运工程》2011 年第 9 期，第 142 页。

[26] 丹东市地方志办公室：《丹东市志》，辽宁科学技术出版社，1993 年，第 460、461 页。

[27] 丹东市地方志办公室：《丹东市志》，辽宁科学技术出版社，1993 年，第 475、476 页。

[28] 尹长虹、刘林、彭玉生：《丹东港海洋红港区口门位置选择与航道泥沙淤积分析》，《水运工程》2011 年第 9 期，第 142 页。

[29] 尹长虹、刘林、彭玉生：《丹东港海洋红港区口门位置选择与航道泥沙淤积分析》，《水运工程》2011 年第 9 期，第 142 页。

[30] 董海军：《丹东海洋红港水流潮汐特征分析》，《科技信息》2011 年第 28 期，第 345、346 页。

[31] 程宜杰：《渤海及黄海北部海域水文要素的基本特征》，《中国科技信息》2006 年第 17 期，第 40、41 页。

[32] 尹长虹、刘林、彭玉生：《丹东港海洋红港区口门位置选择与航道泥沙淤积分析》，《水运工程》2011 年第 9 期，第 142 页。

[33] 陈晓辉：《北黄海陆架晚第四纪地层结构与物源环境演变研究》，中国科学院大学博士学位论文，2014 年 5 月。

[34] 张剑、李日辉、王中波等：《渤海东部与黄海北部表层沉积物的粒度特征及其沉积环境》，《海洋地质与第四纪地质》2016 年第 5 期，第 7 页。

[35] 王勇智、鞠霞、乔璐璐等：《夏冬季北黄海水体浊度分布特征研究》，《海洋与湖沼》2014 年第 5 期，第 929–937 页。

[36] 尹长虹、刘林、彭玉生：《丹东港海洋红港区口门位置选择与航道泥沙淤积分析》，《水运工程》2011 年第 9 期，第 142 页。

[37] 孟凡、丘建文、吴宝铃：《黄海大海洋生态系统的浮游动物》，《黄渤海海洋》1993 年第 3 期，第 34 页。

[38] 段妍、王爱勇、李梦遥等：《辽宁省黄海北部沿岸夏季和秋季浮游动物群落结构》，《水产科学》2016 年第 3 期，第 218 页。

[39] 丹东市地方志办公室：《丹东市志》，辽宁科学技术出版社，1993 年，第 566–605 页。

[40] 刘效舜：《黄渤海区渔业资源调查与区划》，海洋出版社，1990 年，第 57–69 页。

[41] 杨纪明：《黄海西部渔业资源状况》，《海洋科学》1988 年 7 月第 4 期，第 70、71 页。

[42] 参见丹东市地方志办公室：《丹东市志》，辽宁科学技术出版社，1993 年；《民国安东县志》，成交出版社有限公司，中华民国六十三年。

[43] 《民国安东县志》，成交出版社有限公司，1949 年，第 143 页。

[44] 《民国庄河县志》，奉天作新印刷局，中华民国二十三年，第 498–499 页。

[45] 陈悦：《北洋海军舰船志》，山东画报出版社，2009 年，第 55、69 页

[46] 根据《大鹿岛渔民访谈录——1937—1939 期间日本拆〈致远舰〉见证人：〈李贵彬、于永灵口述录〉》。

[47] 根据王根力、谢秋林：《为了 103 年前的英魂》，《丹东日报》1997 年 9 月 6 日；齐岳峰：《打捞致远舰：家国记忆下的博弈》，《瞭望东方周刊》2014 年第 33 期，第 29–31 页。

[48] 国家文物局：《中国文物地图集·辽宁卷》，西安地图出版社，2009 年，第 171 页。

[49] 蓝仁良、王传璞：《大鹿岛沉船概述》，《辽宁省丹东本溪地区考古学术讨论会文集》（内部刊物），1985 年，第 151–153 页。

[50] 国家文物局水下文化遗产保护中心内部资料。

[51] 国家文物局：《中国文物地图集·辽宁卷》，西安地图出版社，2009 年，第 171 页。

[52] 宋丹、关寒：《陈金揆与大鹿岛无名将士墓》，《中国文物报》2017 年 3 月 10 日第 4 版。

[53] 经远舰水下考古队：《辽宁大连庄河海域发现甲午海战沉舰——经远舰》，《中国文物报》2018 年 9 月 28 日第 1 版。

第二章 水下考古工作

第一节　背景

一、调查起因

国家文物局水下文化遗产保护中心是国家文物局直属的水下文化遗产保护科研机构。前身为 2009 年 9 月在中国文化遗产研究院下设的国家水下文化遗产保护中心；2012 年更名为国家文物局水下文化遗产保护中心；2014 年 6 月国家文物局水下文化遗产保护中心正式独立建制。国家文物局水下文化遗产保护中心自筹建以来，一直致力于全国水下文化遗产调查、发掘、保护工作。其中，辽宁省配合基建涉海水下文化遗产调查开展良好，陆续做过大连机场、盘锦港荣兴港区的涉海基建水下考古调查。

2013 年，辽宁省丹东港海洋红港区基建项目启动，其施工规划界线西起青堆湾南尖嘴，东至大洋河口西侧，计划在海洋红渔港修建深水码头，并向外开挖进港航路及泊船港池。按《中华人民共和国水下文物保护管理条例》相关规定，宗海范围需要先进行水下文物考古勘探。依据丹东港的申请，2013 年 9 月，辽宁省文物局向国家文物局呈报《关于开展丹东港海洋红港区建设工程水下文物调查工作的请示》，调查项目由辽宁省文物局指导国家文物局水下文化遗产保护中心与辽宁省文物考古研究所具体实施。为做好项目调查工作，2013 年 10 月，国家文物局水下文化遗产保护中心安排专业人员赴丹东开展现场调研，随后编制具体的调查方案。应丹东港尽快开展调查的要求，经过短短一周时间的筹备，调查队伍与物探设备于 2013 年 11 月 8 日抵达丹东港，调查工作正式启动。此时已是深秋，海上风浪甚急，在港区内完成物探设备的安装调试后，调查工作船一直困于港内无法出海，恶劣天气持续到 11 月 18 日仍无好转趋向。经与丹东港协商，调查工作拟定于第二年春季再继续，并初步确认具体的物探勘探海域。

2014 年 3 月初，丹东港集团在待建的港池内清淤，打捞起数块钢材，国家文物局水下文化遗产保护中心闻讯后，安排人员赴丹东调研，钢材有外壳钢板与工字条钢，板材边沿带有铆钉孔，外观类似于威海刘公岛甲午战争博物院收藏的济远舰钢材，此次发现进一步增强找到甲午沉舰的信心。后续，中国文化遗产研究院文物保护修复所技术人员对钢材进行了采样，通过金相分析确认为炒钢锻打工艺，符合与甲午沉舰的时代特征[1]。

2014 年 4 月初，黄海北部天气渐好，调查活动按计划重启，通过物探与潜水探摸，顺利找到沉舰位置。为进一步确认沉舰的身份与保存情况，在 2014、2015、2016 年的夏秋季节，又连续开展了三次重点调查工作，完成对沉舰遗址的性质确认与现状调查。来自天津、山东、福建、浙江、广东、海南等省市文博单位及国家博物馆的水下考古队员参加了调查工作。另有广州打捞局承担项目的抽沙作业，杭州瑞声海洋仪器有限公司承担海域内磁法物探调查，北京国洋联合潜水运动有限公司负责高氧充填服务，丹东航道工程有限责任公司提供清淤船为海上考古工作平台。

项目组成员

领队：周春水

水下考古队员：孙键、崔勇、冯雷、邓启江、王亦晨、梁国庆、张敏、肖新琦、司久玉、甘才超、张瑞、孙兆锋、魏超、周强、王鹏、张勇、林峰、许超、张红兴、黎飞艳、王志杰、林唐欧、张海成、蒋斌、宋中雷、贾宾、寿佳琦。物探人员：臧力龙、官佳、朱砚山。后勤与协助人员：刘宝强、郭文博、纪松波、刘春健、邱秀华、张晓航。文物保护人员：席光兰。

项目参与单位

国家文物局水下文化遗产保护中心、辽宁省文物考古研究所、丹东港集团有限公司、

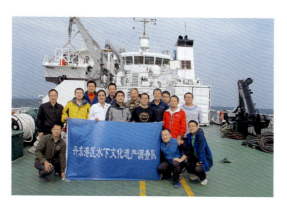
2014 年参与考古调查的部分队员

2015 年参与考古调查的部分队员

2016 年参与考古调查的部分队员

丹东港集团参与人员合影

图 2-1 2014 ～ 2016 年参与水下考古调查人员合影

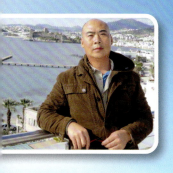

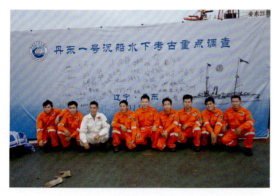

2015 年广州打捞局参与人员合影   2016 年广州打捞局参与人员合影

图 2-1 2014～2016 年参与水下考古调查人员合影（续）

广州打捞局、丹东市文体广电局、丹东孤山经济区社会事业局。

二、资料研究与调查目标确定

我国境内从庄河市黑岛镇至丹东市鸭绿江入海口沿线，历史上黄海北部这片海域沉船遗存比较少见。主要原因不在传统海上贸易路线上，且黄海北部沿海开发较晚，近海岸都是滩涂，尤其是河口地带，遍生芦苇。鸭绿江口和大洋河口两侧分布着宽阔的淤泥质粉砂滨海湿地和潮滩，有芦苇海岸之称[2]。

辽东、辽西为沼泽所隔，交通非常不便，在晋、唐、宋、清等历代过辽西的使臣记述里，常见"水潦坏道""车马不通""沮洳积水""百里无人烟，虎踪络绎于路"等言语。辽金以前，河流清深，岸线推展缓慢。辽金以后，间有移民垦殖。明代的军屯制度加快了开垦速度（每卫有一定数量的屯田军与寄籍民），但从海岸动力地貌研究，辽东湾泥沙纵向运动并不强烈，直到二十世纪初的清朝末年，才出现大规模的人为疏干沼泽，广泛推行垦荒，这才加快了各海岸线的淤积[3]。该地区重要的联系就是通往朝鲜半岛，为贡使及商贸来往，所经路线有海陆两途，唐代贾耽"一曰营州入安东道，二曰登州海行入高丽渤海道"[4]。渤海道为海路，需横过黄海，直至大同江，并不会经过黄海北部海域。安东道为陆路，途经山区，过凤凰城，从九连城附近渡过鸭绿江进入朝鲜半岛境内，完全避开了沿海的低洼湿地。

从山海关出关进入辽东，凤凰山下的凤城是非常关键的位置点，是进入辽东的门户，明代设有驿站，为历代陆路出使的必经之地，出使官员多有记述。按明景泰年间倪谦出使朝鲜所记线路，从辽东出发，经浪子山、盘道岭、新寨、连山东关、龙凤山、斜列岭、凤凰山、开州站、汤站，最后渡过鸭绿江进入朝鲜的义州境内[5]。

自北宋到元以来，不同时期契丹、辽、金北方政权对辽东的控制，截断了中原往朝鲜的陆路往来，致使北宋与高丽往来只能依靠唐以来的北方渤海道海路一途，在联合抗敌的形势压力下，宋与高丽官方之间的遣使互访、民间商贸达到惊人的频繁，宋初出发港始为登州，之后南移，《宣和奉使高丽图经》有载"自元丰以后，每朝廷遣使，皆由明州、定海放洋绝海而北"[6]，不仅如此，还遍布到东南沿海，"若海路，则河北、京东、淮南、两浙、广南、福建皆可往"[7]。到南宋偏安一隅，与高丽的官方往来日渐疏远，民间海商仍有维持。元代，再转为陆路为主。

乘船环黄海北部沿岸到达辽东半岛最南端，再经庙岛群岛渡海而来，由登州上岸的短途航线，历史时期仅盛行于明朝初年与明末天启年间。明朝初年是因南京为国都，朝鲜贡道走海路可缩短环绕渤海的陆路里程，"改朝鲜贡道，自海至登州，直达京师"[8]，待明成祖朱棣正式迁都北京之后，朝鲜贡使又恢复走以往的陆路（安东道）；明末是因辽东被后金所控，陆路通道受阻，不得不取道海上。此外，明崇祯年间，总兵毛文龙曾盘踞黄海北部一些岛屿进行抵抗后金活动，也沿海输送物资。总之，在历史长河里，环黄海北部沿岸航路并不长久，也非贸易目的。

辽东沿海城市的雏形来自于明代的卫所。明初为防范倭寇的抢掠，明政府加强了辽东地区的海防设施，广建卫所，实施以陆防海。在辽东设立辽东都指挥使司，下设广宁前屯、宁远、广宁中屯、广宁左屯、广宁右屯、海州卫、盖州卫、复州卫、金州卫等，共 25 卫 2 州。沿海建立寨堡、烽火台、驿站、路台等，实现对辽东沿海的有效控制。其中，庄河黑岛设有黄骨堡（属金州卫），为《民国庄河县志》所记的黄贵城子[9]，建有七宝台、中心台、总管台、望海台、出海台、背阴台、背阴台、青石台、九转台、皂隶台、龙湾台、虎头台、褡裢台、接火台、样台等 14 座墩台，可控庄河西南沿海一带[10]。这一类带军事目的的城堡，也难以形成沿海的贸易往来。

清朝对辽东一度封禁，清道光年间才开始在金州设副都统（今金州副都统衙署旧址），加强大连湾的海防地位。真正营建要到光绪年间李鸿章修建旅顺军港及大连湾的沿岸炮台。由此可见，黄海北部沿海，很晚才有沿海城市出现，自然也排除了商船的往来（或提供城市贸易需求，或为过往船只提供补给）。当地商贸的发达，要晚到民国时期，安东浪头港，以及庄河一带通商港口出现之后，依托鸭绿江、大洋河的江海通道，一度在安东、大孤山镇出现繁盛的街市[11]。

梳理黄海北部海岸变迁、沿海城建历史，可以确定待调查的黄海北部海域很难有古代商贸沉船。有可能的沉船资源：或偶然经过的遇难船只；或明末的战船，辽东被占一些岛屿还有抵抗后金活动，应有战船沉于此间；或民国时期的一些商贸沉船；也不排除晚清以来一些遇难的地方小渔船。上述沉船就数量而言比较少有，且无明确线索。而突发事件，晚清历史上的两次战争，中日甲午战争与日俄战争导致的海战沉舰是最有可能的调查目标。相对而言，甲午黄海海战发生在这片海域，有四舰沉没于此，文献记述众多。而日俄战争，主要在旅顺口一带，不排除有个别舰只最后逃窜而沉没至此，但可能性偏小。

因此，在综合研究黄海北部海域文史档案资料后，水下考古将调查对象明确为寻找清北洋海军甲午海战沉舰。根据钢铁战舰的特征，采取以磁力物探为主的勘测方法。

三、调查区域确定

从黑岛到鸭绿江的黄海北部海域面积上千平方千米，物探在浅海区的扫测速度一天约为数平方千米，即使一年不间歇地工作，也难以完成上千平方千米的物探勘测工作，受时间与资金限制，必须最大限度地缩小调查范围。

按海洋地貌，丹东海洋红港区东距大洋河口约 8 千米，大洋河以东海岸线平直，地势低缓，潮间带宽约 4 千米；大洋河以西海岸呈波状起伏，岬湾微曲，潮间带自东向西变窄。海域水底地形坡度平缓，坡降比小于 1：1000，2 米等深线距岸约 2.6 千米；5 米等深线距岸约 6.5 千米。此次水下调查的海域先排除 8 米以下水深的近岸区域，主要调查海域优先考虑距大鹿岛以南 5 ～ 10 海里的范围：海战主战场区域。

对于各沉舰的位置，中国所记海战资料，包括李鸿章奏章、安东县志、清人笔记等，侧重于交战过程与失败原因的记述，而对沉舰位置语焉不详。

相对而言，日军的战后记录细节详尽，为后来研究学者们所重。关于沉舰位置也有较清楚的记载，见录于《明治二十七八年海战史》《极秘征清海战史》《日藏甲午战争秘录》等。其中，"黄海临战清国军舰损失表"（表 2-1），明确记有北洋海军各沉舰的经纬度坐

表 2-1 黄海临战清国军舰损失表

舰名 / 项目	超勇	扬威	致远	经远	广甲
状况	沉没	搁浅	沉没	覆没	触礁
位置及方向	大鹿岛西南约 10 海里	大鹿岛西南约 6 海里	海洋岛东北约 30 海里	"布鲁查"岛东南约 20 海里	"凯尔"湾外约 5 海里处之险礁
水深	14.5 米	5.5 米	27.3 米	23.6 米	
经纬度（东经）	123° 34′	123° 40′	123° 40′	123° 33′	123° 59′
经纬度（北纬）	39° 35′	39° 40′	39° 28′	39° 32′	39° 58′
沉没或搁浅时刻	9 月 17 日下午 1 时 27 分	9 月 17 日下午 2 时 30 分	9 月 17 日下午 3 时 30 分	9 月 17 日下午 5 时 35 分	9 月 17 日晚约 11 时左右
摘要	开战后即遭第一游击队炮火攻击而罹大火	战役结束时即罹大火而逃，自行搁浅于海岸线浅滩，翌日被千代田毁坏	起大火后，主要被本队击沉	起大火后，主要遭第一游击队炮火攻击而翻沉	战役结束后即逃走，因归途有误而触礁，后自行焚毁

（来源：林伟功主编《日藏甲午战争秘录》，中华出版社，2007 年，第 71 页）

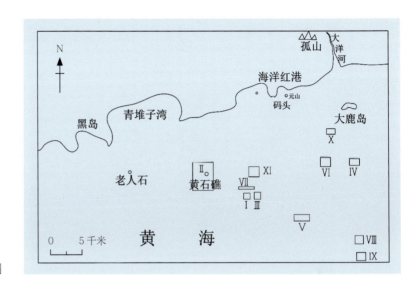

图 2-2　调查区域位置示意图

标，以及临近岛屿的位置及方位 [12]。实际上与水下考古最终确认的各沉舰位置相距甚远。

　　考古队将汇总各沉舰位置坐标，标注于海图上，并将每个位置点外扩 3 千米作为每一处的调查范围。同时，排除掉明确不对的点位，以大鹿岛以南 5 ~ 10 海里范围为搜寻重点区域，共获得 11 处待调查区域（Ⅰ~Ⅺ），区域面积合计为 41.87 平方千米（图 2-2）。

第二节　海洋物探

一、工作概述

　　物探工作目的是寻找沉舰位置，按人工潜水搜寻难度，加之当地水下能见度低的限制，沉船位置点应缩小到 10 米范围以内，因而需要借助物探手段，对调查区域进行勘探，找到沉船疑似点，以便潜水核实。同时，通过物探获取海洋环境、底质堆积等信息，以便后续选择合适的考古清理设备。物探及潜水调查工作始于 2014 年 4 月 3 日，持续到 4 月 28 日结束，总计 26 天。4 月 3 日人员与设备汇聚丹东，随即开始组装与调试设备。4 月 7 日海面风力变小，正式出海调查，按 11 处区域进行勘测，由于潮差关系，当地渔港只能高潮水位才能停靠，导致出海人员每隔一周需夜宿于海上。4 月 10 日在Ⅲ号区域东侧外面发现 5000nT 大小的磁力信号源（图 2-3）。13 ~ 16 日进行数天潜水探摸，海底零星发现木板、煤炭及一块钢板，推断为一处钢铁沉船遗址，船体已被泥沙完全掩埋，按发现地域命名为

图 2-3　准备施放磁力仪拖鱼

"丹东一号"。后续时间继续进行其他区域的物探勘测工作，至结束无新的发现。调查期间也对每天的风力、温度、潮汐进行测量，每天日平均气温 6 ～ 10℃，夜间低至 4℃。

本次物探工作综合运用了四种物探设备：旁侧声呐、多波束探测仪、浅地层剖面仪、磁力仪。

使用旁侧声呐可以获取海床平面的细微地貌形态的声呐图像，进而分析判断海床表面是否有疑似水下文化遗存。此次调查使用美国 EdgeTech 公司 4200MP 型旁侧声呐。

多波束测深仪是利用声波测量海床深度的物探，可以生成海床的三维数字模型，通过对测量数据的分析可以较为直观地判断在海床表面上是否有疑似水下文化遗存。此次调查使用丹麦 RESON 公司 SeaBat 7125 型多波束声呐。

浅地层剖面仪是利用声波探测浅底地层的剖面结构，进而判断在海床以下一定深度范围内是否埋藏有疑似水下文化遗存。此次调查使用加拿大 KNUDSEN 公司 Pinger SBP 型拖曳式浅地层剖面仪。

磁力仪被广泛用于海洋地球物理勘探，可以根据磁异常大小分析海床表面及海床之下的铁磁物质及其埋深，适用于探测和定位各种尺寸的铁磁性目标。磁力物探委托杭州瑞声海洋仪器有限公司承担，使用中船重工集团公司 715 所研制的 GB-6A 氦光泵磁力仪。由于船体埋于泥下，又属钢铁沉舰，磁力仪为确认沉船位置发挥关键作用。

二、物探疑点锁定

11 处调查区域经过物探扫测与潜水搜寻，仅在第Ⅲ区域附近有发现（表 2-2）。

表 2-2　各调查区域物探结果汇总表

区域	四角坐标	围合面积 （平方千米）	物探结果
I区	1. N39° 35′ 14.210″，E123° 32′ 13.335″ 2. N39° 35′ 16.696″，E123° 30′ 49.604″ 3. N39° 34′ 12.533″，E123° 30′ 45.989″ 4. N39° 34′ 09.978″，E123° 32′ 10.104″	2.25	水深 20 米，海床平坦，无发现
II区	1. N39° 38′ 29.57″，E123° 24′ 53.57″ 2. N39° 38′ 19.94″，F123° 27′ 15.64″ 3. N39° 36′ 49.07″，E123° 24′ 41.71″ 4. N39° 36′ 47.12″，E123° 26′ 51.89″	15	水深 5～14 米，礁石底，无发现
III区	1. N39° 34′ 44.810″，E123° 34′ 31.869″ 2. N39° 34′ 44.934″，E123° 34′ 31.826″ 3. N39° 34′ 31.952″，E123° 34′ 31.756″ 4. N39° 34′ 31.857″，E123° 34′ 50.724″	0.56	区域东面发现沉舰信号，最大磁力异常值为 5905nT，推测 1600 吨。水深 20.9 米，海底有人为挖的大坑
IV区	1. N39° 38′ 43.254″，E123° 40′ 29.538″ 2. N39° 38′ 43.435″，E123° 39′ 58.105″ 3. N39° 38′ 19.119″，E123° 39′ 57.872″ 4. N39° 38′ 18.937″，E123° 40′ 29.302″	0.56	有 3 处类似铁管、钢缆一类的磁力信号。水深 14 米，海床平坦，有两处小面积挖沙坑
V区	1. N39° 31′ 51.889″，E123° 32′ 40.411″ 2. N39° 32′ 08.107″，E123° 32′ 40.408″ 3. N39° 31′ 54.097″，E123° 34′ 54.333″ 4. N39° 32′ 05.491″，E123° 35′ 09.239″	1.75	有 1 处较小磁力信号。水深 20 米，海床平坦
VI区	1. N39° 38′ 35.890″，E123° 37′ 29.555″ 2. N39° 38′ 04.707″，E123° 38′ 20″ 3. N39° 37′ 57.886″，E123° 36′ 50.262″ 4. N39° 37′ 26.708″，E123° 37′ 40.697″	2.25	水深 15 米，海床平坦，无发现
VII区	1. N39° 35′ 08.395″，E123° 28′ 38.604″ 2. N39° 35′ 27.562″，E123° 28′ 39.321″ 3. N39° 35′ 27.562″，E123° 31′ 59.865″ 4. N39° 35′ 07.671″，E123° 31′ 59.865″	2.25	水深 20 米，海床平坦，无发现
VIII区	1. N39° 30′ 56.186″，E123° 41′ 48.195″ 2. N39° 29′ 51.316″，E123° 41′ 47.547″ 3. N39° 30′ 56.680″，E123° 40′ 24.441″ 4. N39° 29′ 51.808″，E123° 40′ 23.815″	4	水深 25 米，海床平坦，无发现
IX区	1. N39° 28′ 38.194″，E123° 40′ 36.16″ 2. N39° 27′ 33.322″，E123° 40′ 35.534″ 3. N39° 28′ 38.673″，E123° 39′ 12.454″ 4. N39° 27′ 33.801″，E123° 39′ 11.847″	4	水深 25 米，海床平坦，无发现
X区	1. N39° 40′ 2.620″，E123° 40′ 31.843″ 2. N39° 41′ 9.508″，E123° 42′ 26.964″ 3. N39° 39′ 56.830″，E123° 40′ 37.671″ 4. N39° 41′ 3.558″，E123° 42′ 32.491″	0.78	水深 10 米，海床平坦，无发现
XI区	1. N39° 38′ 4.097″，E123° 32′ 0″ 2. N39° 38′ 4.760″，E123° 29′ 29.634″ 3. N39° 36′ 52.735″，E123° 32′ 0″ 4. N39° 36′ 53.487″，E123° 29′ 8.576″	8.47	有 2 处较小磁力信号。水深 14 米，海床平坦

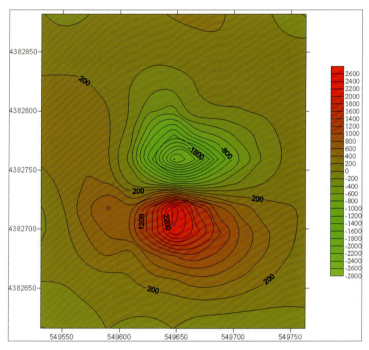

图2-4 沉船磁力等值线图

Ⅲ号区域位于海洋红港南约 10 千米，该区域亦是丹东港于 3 月份清淤发现铁板的地方，为本次调查重点关注区域。扫测时共布设南北向测线 10 条，间距 75 米，该处水深变化 16 ～ 20 米左右。磁力仪率先在区域偏东 1 千米外发现一处磁力异常点，所布设的四条测线上均有磁力反应，能形成闭合的磁异常等值线图。其最大磁力异常值为5905nT，宽度为 156.44 米，水深为 20.9 米，定深为 3 米。根据磁异常的大小及磁探仪探头到目标点的距离，通过磁法反演，估算沉船的吨位约为 1600 吨。至此锁定可疑点位置，XY =（4382735.38，549647.28）（图2-4、图 2-5）。

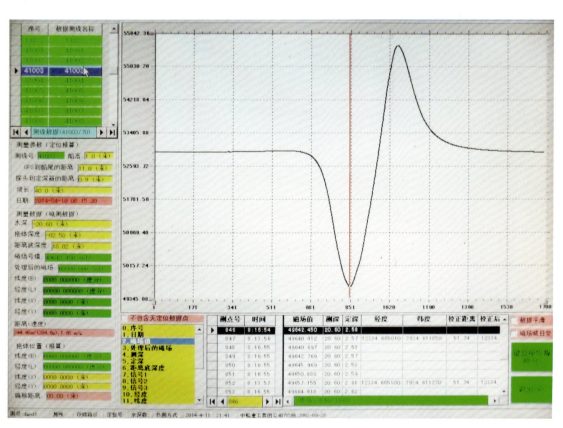

图2-5 致远舰沉船遗址磁力异常曲线图

多波束声呐获取海床三维地形数据，整体海床面平坦，不见起伏变化。海底最明显是丹东港清淤时挖就的一个曲尺形大坑，坑深 3～6 米不等，坑内起伏较缓，坑壁不规整，中部残留有一狭长形隆起（图 2-6）。

浅地层声呐获得海底泥层剖面，侧重对坑中部狭长形隆起物进行勘探，显示出弧形的边缘，酷似其下有埋藏物（图 2-7）。但经潜水确认只是挖坑无意形成的隆起，由于水下泥土较硬，在坑内挖掘处形成较强的连续反射，与铁板等硬物体的反射图形不易区分。

旁侧声呐亦清楚显示海底的大坑及抓斗挖泥的痕迹（图 2-8）。

用多普勒流速剖面仪测量该区域的水体流速剖面，数据表明水中声速变化明显，不存在恒定水层（图 2-9）。

三、沉船位置确认

考古队随即开始潜水探摸，围绕挖掘的大坑及其周边进行搜寻，陆续在海床面发现一些翻起的船板、铁板，从坑壁断坎处发现煤炭块。铁板扭曲，带有铆钉孔，表明板材以铆

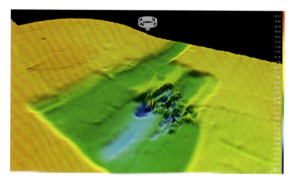

图 2-6 遗址附近海底多波束成像图

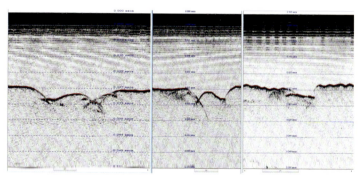

图 2-7 海底大坑处浅地层成像图

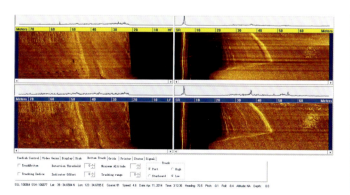

图 2-8 遗址附近海底旁侧声呐成像图

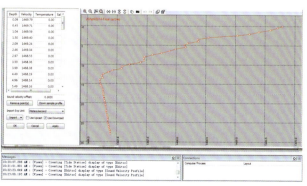

图 2-9 多普勒流速剖面仪数据图

图 2-10　2014 年调查发现的铁板

图 2-11　2014 年调查发现的煤块

钉为连接方式。海床表面没有发现舰体以及隆起地貌，推测船体应完全埋于泥下。铁板的铆钉结构与同时代北洋军舰的钢材搭接方式一致，据此推测为一艘以煤块为燃料的钢铁材质沉船，结合黄海海战的史实，应该为一艘北洋海军的沉舰，按所在海域，暂命名为"丹东一号"沉船，编号为 2014DD01 号沉船遗址。就日方资料距离而言，其位置更吻合沉于"大鹿岛西南约十海里"（表 2-1）的超勇舰（图 2-10、图 2-11）[13]。

第三节　水下考古重点调查

　　鉴于发现的重要，在物探工作结束后，当年夏季又立即启动了对沉船遗址的重点调查，并证实为北洋海军的一艘甲午沉舰，为确认其性质与保存情况，相继于 2015、2016 年又连续进行了两次重点调查，最终发现"致远"餐盘、陈金揆望远镜等标志性文物，确认沉舰身份即是致远舰。

　　由于泥沙掩埋，水下考古需先进行水下抽沙揭露出船体，才能进行考古观察与记录，最后对重要的遗物进行提取。工作中，需要密切把控抽沙位置，辨识船体构件，判断沉船走向，解读文物信息，寻找能辨别沉船身份的重要证据，最终获得沉舰的整体保存信息。同时，做好出水文物的临时保护，采取措施对沉舰进行原址保护。

　　三年调查总计潜水工作 142 天，采用双瓶高氧的潜水方式，以此延长水下滞底时长并控制在免减压潜水时间内，队员潜水总时长计 34761 分钟，完成 500 立方米的海底抽沙工作（表 2-3）。

表 2-3 致远舰调查水下考古队员潜水时间统计表

年份\姓名	2014 年物探调查（分钟）	2014 年重点调查（分钟）	2015 年重点调查（分钟）	2016 年重点调查（分钟）	合计（分钟）
周春水	100	1582	2837	851	5370
崔勇	135	467	595	96	1293
孙键	0	103	133	0	236
贾宾	0	1287	151	582	2020
寿佳琦	0	974	1872	582	3428
黎飞艳	100	1165	1965	706	3936
宋中雷	0	652	785	0	1437
冯雷	0	79	37	164	280
肖新琦	0	138	771	0	909
司久玉	0	1264	1134	0	2398
魏超	0	1143	0	0	1143
孙兆锋	0	486	1328	696	2510
邓启江	0	960	94	0	1054
王亦晨	0	767	310	0	1077
周强	0	0	152	435	587
王鹏	0	0	106	0	106
林峰	0	0	59	0	59
林唐欧	0	0	1630	381	2011
张勇	0	0	74	0	74
甘才超	0	0	1259	127	1386
蒋斌	0	0	48	0	48
许超	0	0	373	290	663
张红星	0	0	276	0	276
张瑞	0	0	0	639	639
张海成	0	0	0	533	533
王志杰	0	0	0	486	486
梁国庆	40	0	0	225	265
张敏	0	0	0	467	467
阮永好	100	0	0	0	100
总计	475	11049	15938	7259	34761

一、工作概述

本节只介绍致远舰遗址调查较重要的工作内容与方法。

1. 搭建工作平台

工作平台是正常开展出海水下考古工作的基本保障，既是调查工作的指挥场所，又是人员海上生活空间，通过四根钢缆将工作船舶固定在遗址上方。水下考古调查期间，工作平台选用过丹东航道工程局有限责任公司提供的平舶船"辽丹 130 船""辽浚九"船。船型为港口清淤挖泥船，舱面主要布局为塔吊及驾驶艉楼，中间甲板放置抓斗。考古工作在出海之前，需将甲板舱面清空，吊装调查设备，包括充气舱、减压舱、工作间、充气站、发电机组、潜水装具，同时加装临时住宿舱、空调等生活设施。由于塔吊的吊臂只有 10 米的移动半径，而沉船遗址长度超过 60 米，考古调查时常需要频繁移动平台位置，实现不同遗址位置的调查需要（图 2-12）。

包括工作平台，现场还另外调集了三艘工作用船：拖轮、交通船、中国考古 01，分别提供吊装、抽沙、潜水、电力、住宿、交通、补给、保护、物探等工作需要。2014 年的调查工作也是中国考古 01 船建好后的首航之旅（图 2-13、图 2-14）。

2. 抽沙清淤

埋藏致远舰的泥层十分紧硬、致密，当地人俗称"铁板沙"，土质含沙量小，为粉砂质土，黏性较大 [13]。抽沙时泥沙不会主动进入抽沙管口，需要人工用水枪将周边泥块冲碎，导致抽沙工作十分艰苦。

为提高抽沙效率，选取大、小两种口径的抽沙管进行抽沙，均为气升式抽泥设备。

大抽管口径达 10 寸，由广州打捞局负责操控，用于沉船舷侧外围的快速抽沙。水下考古正常抽沙一般用 6 寸的管口，10 寸管也是我国水下考古使用过的最大口径抽沙管，以应对黄海的黏性海泥。大抽沙管头加装有高压水枪，方便进泥并防止杂物堵管，此外，大抽管自重达 5 吨，只能通过平台的塔吊进行上下与左右移动（图 2-15）。工作时由打捞局潜水员在水下进行监管，通过水下通话系统与塔吊人员进行沟通，协同进行抽沙管的控制：管头的深度与抽沙位置平移。同时为加快抽沙效率，潜水员还需另外配带一条高压水枪，将周边的泥块打碎，并从侧方往抽沙管口驱赶泥块（图 2-16）。

小抽管口径为 4 寸管，由考古队员直接操作，用于舱内重要部位的清理，队员同时携带小锄、锤子、剪刀等清理工具，对周边渔网及抽管堵塞物进行及时清除（图 2-17）。

为防止抽沙管口带上来的小件文物流失，抽沙管的出水口安装有过滤网，对泥水进行

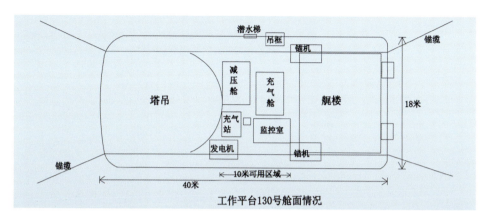

图 2-12　工作平台 130 船舱面布置图

图 2-13　工作平台辽浚九

图 2-14　中国考古 01 船

图 2-15　广州打捞局吊装大抽沙管

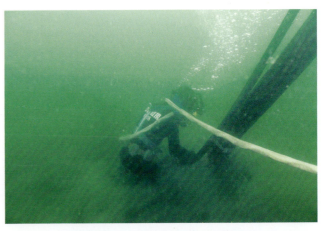

图 2-16　广州打捞局用大抽管抽沙

图 2-17　水下队员操作小抽管抽沙

图 2-18　清理过滤网中文物

过滤，通过筛网将文物截留下来。水下队员每天定时清理，并根据水下抽沙位置登记所发现的小件文物（图 2-18）。

3. 水下考古记录

水下队员按工作任务轮班，为加快进度，每组人员在水下完成工作交接（图 2-19）。工作内容不仅仅有水下抽沙，还同时进行考古观察，并根据最新的考古发现调整调查工作内容与位置，同步开展各项记录工作，包括测绘、录像、拍照等等，对发现的重要部件及能辨别沉舰身份的物体进行重点记录。

布设基线，为确保记录位置准确，调查队布设了一条贯穿艉艏的基线，沿舰体纵轴方向，起于艏部，止于尾端中间。以较粗的绳索为基线，全长 52 米，每隔 5 米设一标记，随后再挂上带刻度的皮尺，为防水流的摆动，用多个环形的铁钎将基线绳固定于海床面上（图

图2-19　水下队员在做入水前准备

图2-20　水下布设基线

图2-21　水下绘图工作

2-20）。抽沙发现遗迹或遗物，即以距基线的距离加以记录，其距海床泥面的深度即为埋深，构建起每件遗物的三维空间位置。

　　水下测绘工作按试行的《水下考古工作规程》，通常由两位水下队员配合，每天对抽沙揭露的遗迹进行及时测绘，通过接力的方式，累积获得整艘沉舰的平剖面图、试掘探方区的平剖面图。用线图记录下沉舰遗址中的遗迹与遗物基本信息（图2-21）。

　　由于水下能见度差，单张照片视角有限，为了更好地观测与记录水下遗迹，调查队加强了水下照片拼接。在2014、2016年采取高密度近景摄影方式，对揭露的遗迹进行水下照片拼接，拼接出较大范围的左舷侧边照片。2015年尝试水下三维影像重建技术，从不同角度近景拍摄揭露的舰体，再通过计算机视觉原理，对获取的全部数字影像进行相互匹配，生成被拍摄物体的表面三维点云，加载影像信息后得到真实的三维模型。虽然加大了水下工作量，但是成功地获得整个舰体外轮廓的三维模型。

4. 文物提取与临时保护

在完成遗迹和堆积文物的记录工作后，开始各类文物的提取工作。致远舰遗址历年出水文物种类众多，材质有铜、瓷、铁、木、皮革等，体积有大有小。大件的有加特林机枪、方形舷窗等，小件的有瓷盘、子弹、螺钉等。针对不同材质和体量的文物，调查人员采取不同的提取方式。大件文物如加特林机枪，因体积和重量较大，特制吊筐进行提取（图2-22），水下短途搬运则使用充气浮力袋（图2-23）；小件文物如子弹、瓷盘等，则由潜水员用封口袋提取；2016年在提取陈金揆望远镜此类易碎文物前，则采用托板进行捆扎加固（图2-24）；板结文物在提取前用小钢钎小心剔除周边粘连物（图2-25）。

出水文物保护在技术上的难度和程序上的复杂程度是水下考古另一特点，这种复杂性在于它既具有所有陆地文物的共性，又具自己独有的特性，即饱水性、高盐分、水下生物病害等等。利用中国考古01船的文保实验室，致远舰遗址的出水文物根据质地现场进行分类保护处理。

图2-22 加特林机枪出水

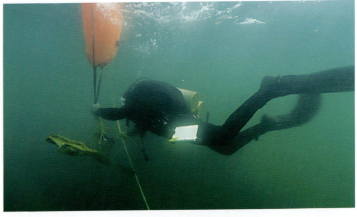

图2-23 用浮力袋搬运文物

图2-24 加固后提取望远镜

图2-25 用小钢钎剔除文物周边粘连物

二、2014 年考古调查与发现

2014 年的调查工作始于 8 月 19 日，调查队工作人员及设备汇集丹东港，短期补给后即出海开始工作，持续至 10 月 5 日结束，为期近两个月，中途回丹东港避风两次。出海期间，人员更换及食物补给，由交通船从海洋红港码头转运到海上。

本年度调查工作目标是找到沉船的主体位置，尽可能摸清沉船保存情况。按工作进展分为三个阶段：

第一阶段：主要任务是寻找沉船主体位置及其走向，为期 15 天。

遗址几乎被泥沙完全掩埋，再加之船体因日本民间打捞遭受过较大破坏，木板、铁板散布各处，在初期抽沙范围有限的情况下，要确认遗址主体位置实属困难，而确认沉船走向更是艰难。为此，调查队首先大范围搜寻海床面局部暴露的个别遗迹现象，包括尾部的圆柱、两块较大的倒覆钢板，并参考磁力仪最大值的点位，由此确定倒覆钢板为沉舰的外侧舷板，对沉船走向进行了准确推断，也为快速推进调查工作打下了坚实基础。

第二阶段：主要工作内容是沿船舷快速抽沙揭露船体边界，确认船艉位置，遗物发现为确定沉船性质提供更多依据。本阶段工作为期 15 天。

经抽沙揭露出长达 50 多米长的沉船舷边，因此确定船艉位置，陆续发现沉舰遗物，尤其是武器弹药的陆续发现，为明确其为北洋海军的战舰提供了更多实证。

第三阶段：全力揭露艏部，并做好最后收尾工作，为期 15 天。

此阶段集中对发现的艏部进行抽沙揭露，了解沉船淤埋情况。在工地结束前做好收尾工作，用亚麻布覆盖已揭露的船体，再用沙土回填。

本年度工作探明沉舰长度超过 53 米，船体方位北偏东 35°，发现舷边、艏部、锅炉舱等舰体部位，发现并提取保存完好的加特林机枪、子弹、煤炭、瓷质洗涮盆等遗物，沉船遗址确认为甲午海战时北洋海军的一艘沉舰。

三、2015 年考古调查与发现

2015 年 7 月 22 日，人员与设备再度汇集丹东，开始第二次重点调查工作。8 月 1 日，启动仪式之后出海调查，工作持续到 10 月 6 日结束，为期 70 多天，中间因风浪太大回丹东港避风两次。10 月 4 日、5 日两天中央电视台进行了水下考古现场直播报道。

本年度调查工作目标是确认沉舰身份和海底保存情况。现场工作以抽沙、搜寻为主，并根据遗迹现象的变化调整作业区域和每天具体任务，整个工作过程进展顺利，最后达到预期目标。就工作进度而言，分为两个阶段：

第一阶段：集中于艏部抽沙，寻找沉舰的身份线索。时间从 8 月 1 日至 9 月 10 日回港避风止。

开工之后，首先沿 2014 年已确认的艏部进行抽沙揭露，发现沉舰艏部残损较大，无法继续深入搜寻。随即往左舷寻找，往前抽沙至舯部暂停，再移到右舷抽沙，将右后舷边清理出来。此段时间陆续发现鱼雷引信、152 毫米炮弹、方形舷窗、多种小口径炮弹等遗物，并在靠左前的舰体处发现多层的穹甲结构，性质已指向"致远舰"，但仍缺乏明确遗物。

第二阶段：开始艉部抽沙、小探方试掘，发现"致远"制式餐具。时间从 9 月 13 日返回海上作业点至 10 月 6 日工作结束止。

此阶段抽沙区域主要集中在艉部，用大抽沙管沿舷外侧快速清沙。为了解舱室结构及地层堆积，考古队员另使用小抽沙管清理舯部的锅炉舱，同时在沉舰右舷偏后位置布设小探方进行试掘。

小探方位于右舷后端、舰体外侧，该处为舰体幸存不多的未遭焚烧区域，故保存有碎木板，凝结物上还发现粘连的碎小瓷片。试掘时用手扇法一点点清理，在泥中发现白瓷盘碎片，拼合成一件"致远"篆书白瓷盘（图 2-26），也伴出子弹、铜钱、玻璃盏、银锭等小件文物。此外，小探方旁边有一方形舷窗，在窗下压着一件带"致远"篆书的白瓷小托盘。

随着"致远"制式瓷盘的发现，沉船性质已经明确。最后集中时间再折回去清理舯部的穹甲结构，下清约 2 米深度，揭露出更大的穹甲面积并观察与记录。10 月初，在调查工作基本结束前，配合中央电视台做了两次直播报道。

2015 年实施的重点调查工作，抽沙揭露出更大面积的舰体范围，发现穹甲结构、方形

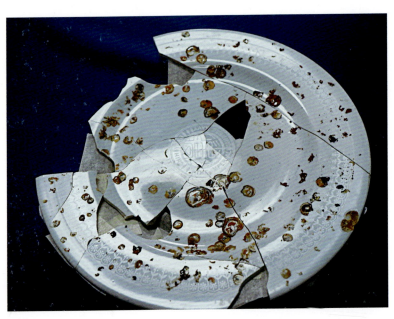

图 2-26　刚出水的"致远"篆书瓷盘

舷窗、152 毫米口径副炮弹头、"致远"制式餐具等一系列实物，确证致远舰身份。此次调查，也对致远舰的破损情况有了较准确的掌握，整体保存一般，钢板、锅炉零件因爆炸而抛离原来位置，火烧情况严重。

四、2016 年考古调查与发现

2016 年 8 月 28 日，水下队员抵达丹东开始准备工作。9 月 2 日在沈阳市召开项目工作会议。9 月 9 日正式开启出海调查。因开工较晚，中间因风浪原因回港避风达 6 次之多，整个出海调查工作持续到 10 月 16 日结束回港，为期 50 天。

本年度调查工作目标是确认沉舰的具体埋藏深度与遗物散落范围。按工作进度而言，可分为三个阶段：

第一阶段：集中于右舷抽沙，探寻沉舰的埋藏深度。时间从开工至 9 月 14 日。

抽沙之前，考古队员在水底布设相对坐标系统，重新恢复基线绳、引导绳。基线绳沿沉舰纵轴方向布设，与前两年位置一致。引导绳沿沉舰的外围舷板布设一圈，指引人员水下行动。每条绳索的连接处绑上指示牌：左舷、右舷、基线、艉部。提示水下队员所在位置与方向，提高水下工作安全。

本次调查采用探沟发掘，确认沉舰埋深。先在船体右舷布设探沟（TG1），范围 10×5 平方米，泥下半米即发现煤炭层，板结紧密，该区域清理出单筒望远镜、铜水烟袋等文物。因泥层坚硬抽沙进展缓慢，该探沟最终只抽了 1.2 米深，经讨论后放弃，另改左舷抽沙。

第二阶段：左舷布设探沟抽沙。时间从 9 月 15 日至 10 月 10 日。

新设探沟（TG2）于中部锅炉舱室外，范围 4×5 平方米，由广州打捞局潜工集中抽沙。下抽达 2 米深后再往外扩方，最后用攻泥器探出舭龙骨位置，最终下抽深度达 3 米，并将一段舭龙骨完全揭露出来，至此完成摸清沉舰埋深的主要任务。该区域清理发现一件完好的 57 毫米哈乞开斯（Hotchkiss）炮的肩托（图 2-27、图 2-28）。

图 2-27 水下提取肩托

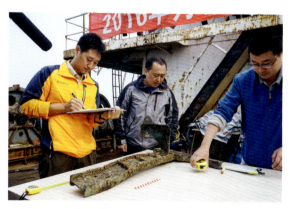

图 2-28 登记测量刚出水的肩托

第三阶段：钻探及焊接保护锌块。时间从 10 月 11 日至 10 月 16 日。

时近深秋，风浪加大，已不适宜再继续潜水工作。为加快进度，利用攻泥器进行钻探。先钻探艉部，探出艉部边界。再钻探右舷，确认沉舰遗物的散落范围。

随后，集中几天时间，进行水下电焊，沿沉舰周边加装牺牲阳极锌块，保护海底钢铁舰体。

在结束所有水下考古工作之前，用泥沙对揭露的遗址区域进行了回填。

五、沉舰遗址保护措施

致远舰水下考古另一项成果是加强了对水下沉舰的保护工作，首次采用牺牲阳极法对海底钢铁类船体进行保护，以实现铁质战舰在海底原址长期保存目的。

牺牲阳极保护法，全称为牺牲阳极的阴极保护法，是一种防止金属腐蚀的方法。具体方法是将还原性较强的金属作为保护极，与被保护金属相连构成原电池，还原性较强的金属将作为负极发生氧化反应而消耗，被保护的金属作为正极就可以避免腐蚀。因这种方法牺牲了阳极（原电池的负极）保护了阴极（原电池的正极），因而叫作牺牲阳极保护法。实施时在沉船上安装锌块作为负极，使其成为氧化对象；在锌块被消耗完以前，能让船体不受海水腐蚀。该方法在 2012 年"南澳 I 号"沉船铁质保护罩上曾经使用，经过 4 年的实践与观测，证实是行之有效的保护手段。

致远舰埋藏于海底，2014 年用磁法探知钢铁残量还有 1600 吨，大量的钢铁船体仍会不断被海水腐蚀，造成铁质流失。2016 年度水下考古调查工作时，考古队参考广东"南澳 I 号"沉船对铁质保护罩的保护经验，在沉舰周边焊接船舶用的锌块作为牺牲阳极，共计 10 个锌块，围绕着沉舰外壳钢板（图 2-29）。为稳妥起见，按沉舰残存体量增加近 1 倍的锌块用量，经计算可保证遗址 5 年的锌块量，只要定期更换锌块，能做到比以往自然状态

图 2-29 致远舰水下焊接阳极锌块

图 2-30 水下队员于 2021 年重换锌块

下更好地保存铁质舰体。牺牲阳极的保护方法在水下考古工作中是一个创新，为水下铁质文物的长期保护提供了新的借鉴方法[14]。

　　2018 年庄河市经远舰调查期间，考古队回访了致远舰遗址，牺牲阳极保护效果达到预期。2021 年丹东市大鹿岛周边水下考古调查期间，考古队及时对致远舰遗址的阳极锌块进行了更换，继续实施海底钢铁沉舰遗址的原址保护（图 2-30）。

注释

[1] 参见本书附录文章《丹东海域出水铁质样品的金相组织初步分析》。

[2] 中国海湾志编辑委员会：《中国海湾志》第十四分册，海洋出版社，1998 年。

[3] 中国科学院《中国自然地理编辑》委员会：《中国自然地理·历史自然地理》，科学出版社，1982 年。

[4] （宋）欧阳修：《地理志》，《全唐书》卷四三下，上海古籍出版社，1986 年。

[5] （明）倪谦：《朝鲜纪事及其他二种》，商务印书馆，中华民国二十六年十二月初版。

[6] （宋）徐兢：《宣和奉使高丽图经》卷三，文渊阁四库全书本。

[7] （宋）徐兢：《宣和奉使高丽图经》卷三十九，文渊阁四库全书本。

[8] （清）张廷玉等：《明史·外国列传一·朝鲜列传》，文渊阁四库全书本。

[9] 《民国庄河县志》，奉天作新印刷局，中华民国二十三年，第 312 页。

[10] （明）李辅纂修，韩纲点校，刘立强主编：《全辽志》，科学出版社，2016 年。

[11] 商贸盛况可参见本书第一章第二节"航路变迁"，民国时期庄河可通航港湾达 20 余处。

[12] 林伟功主编：《黄海临战清国军舰损失表》，《日藏甲午战争秘录》，中华出版社，2008 年。

[13] 参见本书第一章"海底表层沉积物"。

[14] 席光兰、周春水：《牺牲阳极保护技术在船舰原址保护中的初步应用研究》，《中国文化遗产》2019 年第 4 期，第 44-49 页。

第三章

沉舰概况

第一节　地层

致远舰遗址埋于沙层下，海区内为粉砂与细砂长年沉积形成的淤积沉积层，主要来自鸭绿江入海口携带来的泥沙。海床表面平坦，零星出露一些钢材，以舰尾部处的一个立柱最为醒目，遗址表面覆盖有层层渔网及绳缆，为当地拖网渔船挂钢板后弃网所致，在舯部的锅炉舱堆积最厚，并有4个渔船铁锚遗留该处。

为了揭露及观测被泥沙掩埋的遗迹及地层堆积情况，沿沉舰左、右两侧舷边布设有1个小探方（T01）、2个稍大探沟（TG1、TG2），通过发掘了解遗址地层堆积情况（图3-1）。此外，也对舯部的锅炉舱室进行了清理。

一、T01 地层

探方T01位于沉舰右舷后部，2015年水下考古调查时布设，大小1×1平方米，清理至纯净海泥止，其地层可分两层（图3-2）。

第1层为较松软的细沙层，厚10～20厘米，少有遗物。其下为散落的木板与铁板，常形成凝结体，厚约10厘米；

第2层为黑色贝壳层，厚40～80厘米，地层倾斜分布，越近舷边堆积越厚。发现子弹、铜钱、瓷片、银锭等遗物。

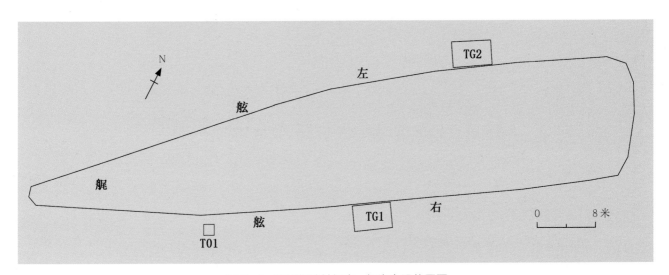

图3-1　致远舰遗址探方、探沟布设位置图

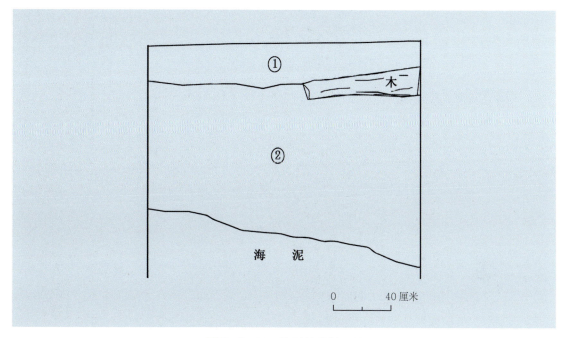

图 3-2　T01 西壁地层剖面图

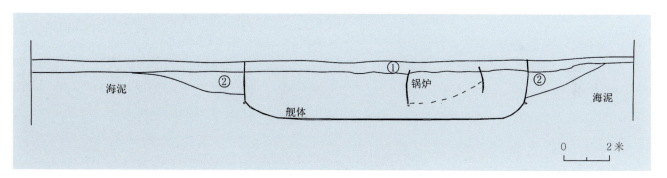

图 3-3　沉舰遗址地层剖面图

2 层土下为多年淤积的灰黑色海泥，纯净，泥质较细腻，有滑感，中黏性。

T01 地层堆积呈现遗物散落、沉船解体、浮沙掩埋的漫长过程[1]。

二、舱中地层

2015 年集中于舯部锅炉舱清理，该处地层第 1 层（图 3-3）。

第 1 层为较松软的细沙层，厚 10 ～ 40 厘米，少有遗物，为海床表层的浮沙。

其下即为舱内堆积。贝壳碎屑夹大量黑色煤渣，出有少量散落的遗物，如木刷、木片、铜条等。舱内下清深度达 1.5 米，未至底，堆积无变化。

　　另外，在舰尾部、左舷后部也有做局部清理，在第 1 层之下亦为舱内堆积。没有煤渣的沁浸，为灰黑色沙土，夹大量黑色贝壳，发现弹药、瓷片及一些小零件等遗物。

三、舷侧外边地层

　　2016 年为了解沉舰的埋深，在沉舰两侧舷墙外布设两个解剖探沟 TG1、TG2。其中，TG1 位于右舷外，仅清理至 1.2 米深，未至底。TG2 位于左舷外，清理至底部龙骨，深达 3 米。两个探沟地层堆积情况基本同于 T01。以 TG2 为例，地层分为两层。

　　第 1 层为较松软的细沙层，厚 10 ~ 20 厘米，少有遗物。其下有发现散落的木板与铁板，常形成凝结体；

　　第 2 层为黑色贝壳层，厚 0 ~ 100 厘米，发现子弹、铜钱、瓷片、鞋底等遗物。该层土较松软，可以用手扇法进行清理。土层呈倾斜状分布，靠舰体越近越深，贴近舰体舷墙处最深达 80 ~ 100 厘米；离舰体越远越薄，到 3 ~ 3.8 米远最终消失。

　　2 层之下为多年淤积的灰黑色海泥，泥土板结，较硬，含沙量少，丹东市周边近岸为泥滩，近海湾沉降的是细泥质土，该层下即为经年沉积的纯净海泥。由于舰体下沉时往周边挤压、以及钢板氧化板结的原因，该层土越靠近舰体越致密，乃至用高压水枪都难以打散。

　　综上所述，各区域地层堆积可以清楚了解沉舰遗址的地层及其形成原因。第 1 层为近期形成的表层浮沙，含其他缘故扰乱而来的少量遗物（如拖网）。第 2 层仅见于舰体周边外围，辐射区域 3 ~ 3.8 米外围宽度，该层土为舰体沉灭后的散落堆积。形成原因是舰体坐沉后长期处于海床之上，导致大量贝壳迅速生长（类似人工渔礁），贝类以最快生长的藤壶、牡蛎为主 [2]，上部舱室在解体过程中（含日本破拆、自然分解），一些舱内遗物在水流携带下从高度坠落，与沉降的沙土、死去的贝类夹杂糅一起，最终形成第 2 层土。其形成时间，可按日本最晚一次破拆时间计算，下限大约 1938 年左右形成，此时已拆至舰体残存高度与海床表面淤沙几乎齐平，打捞工作无法继续进行时方才放弃。第 2 层土由于形成时间不长，土质仍旧松软。

　　沉舰舱室一样也有大量贝类生长，泥沙逐渐掩埋至破拆高度，大量贝类死亡形成碎屑层（图 3-4），最后统一被表层浮沙掩盖。

图3-4　舱内与贝壳伴生的机枪子弹

第二节　试掘区

试掘区包括小探方 T01、两个探沟（TG1、TG2），以及局部的钻探区。

一、探方 T01

沉舰右舷后部位置，距舷侧边 1.5 米，布方面积 1×1 平方米，未清理前，由于泥沙掩埋，表面平坦，无明显迹象（图3-5）。以手扇法进行清理，表层下出现凌乱的碎木板、铁板凝结块（图3-6）。继续清理，即开始发现小件文物，包括手枪子弹、铜钱、银锭、小螺栓、青花盒、瓷盘等（图3-7），最重要的发现是两件"致远"篆书餐盘，1件的碎片散于第2层土中，表面粘满贝壳（图3-8），1件藏于方形舷窗之下（图3-9）。从清理情况看，文物均出于第2层土中，分布从 20 厘米深度延续到 80 厘米，包括同一件餐盘的碎片，从上至下均有，这与水流导致水底动态地层有关。

图 3-5 探方布设情况

图 3-6 表层下散乱的木板、凝结块

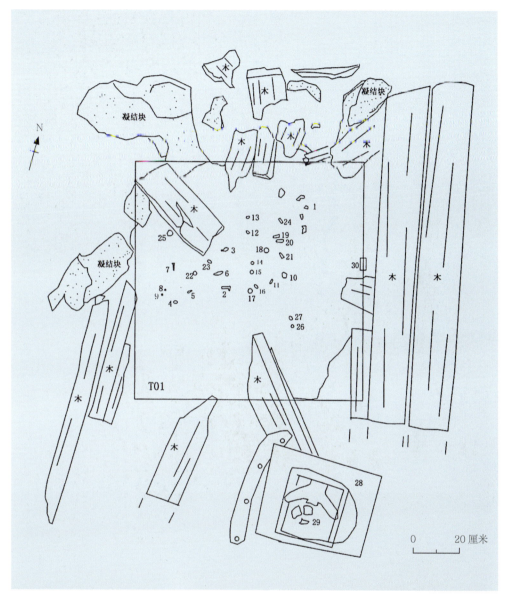

图3-7　探方T01平面图

1. 白瓷盘碎片　2、6. 铜栓
3、14. 挂　钩　4、5、13、
18、26、27. 铜钱　7. 螺丝钉
8、9. 子弹底火　10. 玻璃盏
11. 枪箍　12. 子弹头
15、16、17、22、23. 银锭
19、20、21、24. 子弹
25. 铜盘　28. 方形舷窗
29. 白瓷小托盘
30. 青花印泥盒

图3-8　白瓷盘碎片发现时情况

图3-9　白瓷小托盘

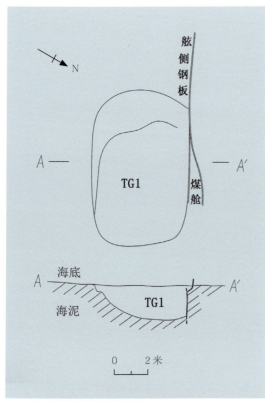

图 3-10 探沟 TG1 平、剖面图

二、探沟

　　TG1 布设于右舷中部稍偏前，紧靠右舷边。最后形成的抽沙区近长方形，长 3.6 米、宽 3.1 米、深 1.2 米。揭露出竖直往下延伸的外壳舷侧钢板，板材在泥中保存良好，通过抽沙区域可发现，1 米高的外壳板有铆接痕迹（上下板叠合铆接），接痕平直，也说明沉舰的沉态为正沉。该处有两道钢板，一道竖直往下，为舰体的外壳钢板。另一道钢板往内收再往上折，下端与外壳板相接，其性质应为穹甲板。两板之间的空间为煤舱，清理中也见大量煤炭，并与周边泥块板结于钢板上，硬而致密。舰体水位线两侧用煤舱防护为致远舰的独特设计，钢板整体上在泥中保存好，硬度高，未见变形、开裂现象（图 3-10、图 3-11）。

图 3-11 泥中右舷板细部

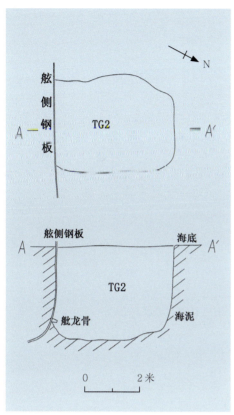

图 3-12　探沟 TG2 平、剖面图

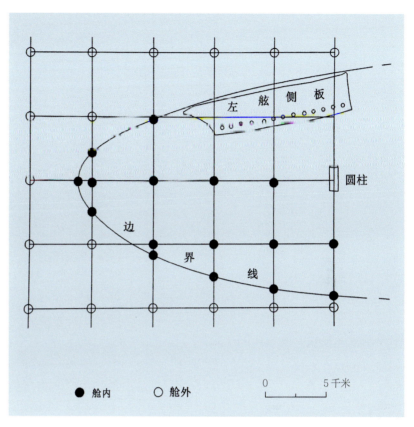

图 3-13　艉部钻探情况

TG2 布设位于左舷中部，紧靠左舷边。抽沙区域近长方形，长 4 米、宽 3 米，下抽深度 3 米。沿舷侧钢板往下清理出一段舭龙骨，用角钢、铆钉与外壳钢板相接。舷侧钢板从舭龙骨以上残高 1.7 米，舭龙骨往下约 0.8 米到底，即残存舰体高度为 2.50 米。揭露的钢板，无论是舭龙骨、还是外壳板在泥中保存状态一样完好，硬度高，无变形、无开裂现象。从舭龙骨平直的情况也说明沉舰的沉态为正沉，钢板一样与周边泥土板结，硬而致密（图 3-12）。

三、钻探区

艉部钻探区　通过攻泥器进行钻探，探杆全长 2 米，位置从艉部的圆柱开始，方向往后，探眼间距 1 米，同时观察冲起的淤泥颜色。以触及钢板无法继续下钻、淤泥颜色为黑色判断为舱室里面；以能下钻，淤泥颜色偏灰断定为舱室外面。并在交界线处加密钻探孔眼，用此方法确认圆柱再往前 4.2 米到艉部前端（图 3-13）。

散落区外围钻探区　同样通过攻泥器进行钻探，主要以淤泥颜色为黑色、灰色的变化情况确认区域范围。经钻探，最远在离舷边 3.8 米处确定散落区边界。结合 TG1、TG2 的

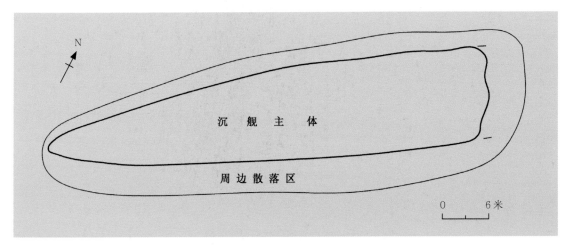

图 3-14　沉舰周边散落区范围

地层堆积变化，可以确认 3.8 米为沉舰遗物周边散落区的最远位置，沉舰左侧散落区比右侧要稍宽。当然，由于长期拖网作业或港口清淤等原因，也有些沉舰遗物会在更远的地方发现。比如，2014 年 4 月潜水调查时，在离沉舰点近 50 米外的地方也发现有散落的零星钢板与木船板，这属于后期的扰动，超出沉舰遗物自然堆积的范畴，其下为较纯净的灰色淤泥，而无散落区的黑色贝壳层堆积（图 3-14）。

第三节　沉舰概述

一、总体情况

　　致远舰遗址整个舰体完全埋于泥下，历经 2014 ～ 2016 年的水下考古调查，海底保存情况已清楚，三年调查时间已将舰体轮廓清理出来，一般沿外侧舷板往下清理 50 厘米高度。多波束声呐图显示，舰体修长，舰体艉部收尖，中部最宽，近艏部有残损（图 3-15）。艏部方向为北偏东 35，沉舰主体残长约 61 米，最宽 11.5 米，残高约 2.5 米（图 3-16）。

　　泥下的舰体外壳钢板保存完好，硬度高。两侧舷边受泥土挤压略有弯曲，但未断裂（图 3-17）。舰体外壳用钢板构造并使用铆钉连接，内侧贴有木质板墙。船壳所用钢板较薄，仅厚 1 厘米左右，用双排铆钉平行接板。左舷后部发现数道横向钢板，与舷墙相接，应为水密隔舱。穹甲在左舷前部、舯部均有发现。穹甲内侧护着一锅炉，炉膛积满煤炭。

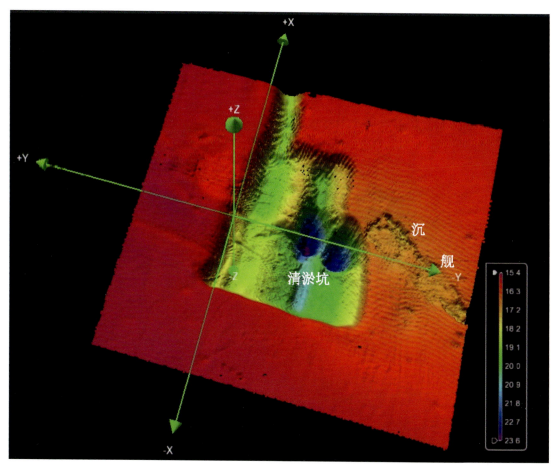

图 3-15　致远舰遗址多波束图

　　沉舰整体受损较重，舱内淤满泥沙，因工作季时间有限，只对锅炉舱进行了清理。从残存的锅炉高度与舯部斜坡状穿甲看，舰体残存高度已位于水线之下，舯部舱室结构已是底舱，即动力机舱及锅炉舱位置，舰体残存高度已不及完整的底舱室。舰体周边散落着钢板、锅炉配件、炮弹等遗物，包括原位于船体水线以上的物品，如舷窗、加特林机枪等，应为拆解及爆炸时向四周散落所致（日本打捞使用炸药）。右舷沉舰遗物相对左舷稍多，2016 年用近景照片进行三维拼接，获得致远舰遗址正射影像（图 3-18）。

　　舰体绝大部分区域均发现有火烧痕迹，从艏部沿左舷，一直延续到艉部，再至右舷中部，均有发现烧焦的痕迹，这些区域只残存一些不能燃烧的金属类构件。整个舰体仅右舷后部未见到火烧痕迹，故保留下来一些凌乱的木质船板，这也是在该处布设小探方 T1 试掘的原因。也即是说整个左舷、艏部、艉部都有过火痕迹，一方面说明致远舰战时受损的严重性，另一方面也说明左舷是致远舰被攻击的部位，这应该与致远在黄海海战时位处北洋军舰阵列左侧有关[3]（图 3-19、图 3-20）。

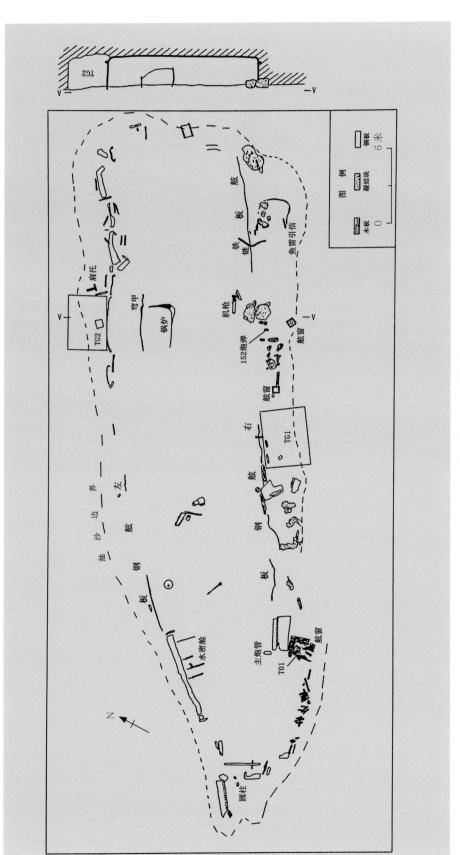

图 3-16 致远舰遗址平、剖面图

图 3-17　舷侧板拼接照片

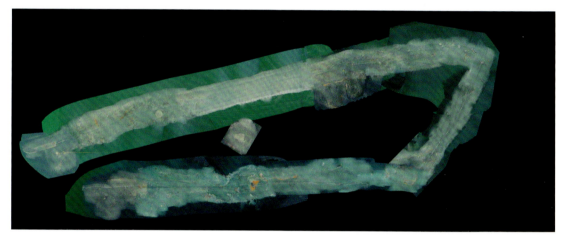

图 3-18　致远舰遗址正射影像

图 3-19　左舷中部火烧痕迹

图 3-20 钢板上战火焚烧痕迹

二、舰体结构

清理的舰体部位包括穹甲、锅炉、舭龙骨、水密隔舱板、圆柱、舷侧板等，均为钢铁材质。

1. 穹甲

穹甲在左舷前部、舯部均有发现。以舯部保存面积最大，揭露一段长 4.7 米。舯部穹甲以三层钢板铆接而成，厚达 12 厘米，将锅炉舱包裹其中。该穹甲倾斜度较大，为防护用材，故为 4 英寸的厚度，待至平层甲板则减为 2 英寸厚。穹甲高度只到底舱一半左右深度（图 3-21、图 3-22）。

2. 锅炉

发现于左舷中部，呈圆桶状，卧于舱室中，残存约一半高度，锅炉侧面盖板上有密布的多排孔眼，原为冷凝水管安装口。炉膛内堆满煤渣与贝壳，清理深度近 2 米仍未到底。锅炉宽度残存 2.3 米、残长 3.6 米（图 3-23、图 3-24）。

图 3-21　水下发现
的穹甲板

图 3-22　穹甲三层
板结构

图 3-23　水下锅炉三维视图

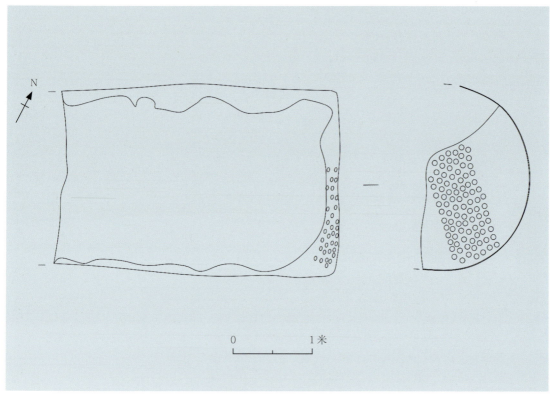

图 3-24　锅炉平、剖面图

3. 舭龙骨

发现于探沟 TG2，埋于泥下 1.7 米深，揭露的一段舭龙骨长 1.2 米，两端伸入泥中继续延伸。舭龙骨宽度 20 厘米，断面为楔形，边缘处稍薄达 5 厘米，后端略厚。舭龙骨里料为木头，上、下夹着钢板，用铆钉锁紧。再通过角钢、铆钉固定在军舰的外侧舷墙上，位置在竖直舷板与弧形底板交界处（图 3-25、图 3-26）。

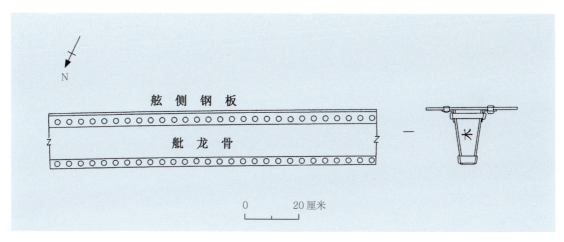

图 3-25 舭龙骨平、剖面图

图 3-26 舭龙骨细部特写

4. 水密隔舱板

位于左舷后部，共发现 3 道，间宽约 90 厘米。为横向钢板，并通过角铁与左舷墙相接（图 3-27）。

5. 圆柱

位于艉部，圆柱体，径 36 厘米，高出海床 50 厘米，清理后长度达 1.2 米，亦是致远舰遗址出露海床面最高、醒目的遗迹。圆柱上端两侧开有较浅的卡槽，推测为船的舵轴（图 3-28、图 3-29）。

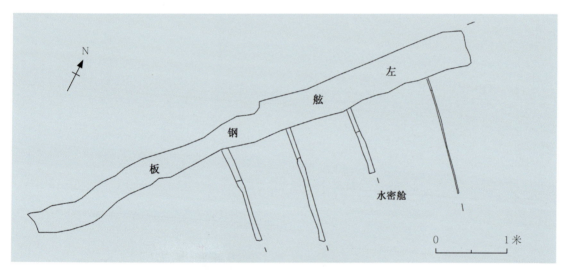

图 3-27 水密隔舱平面图

图 3-28 圆柱立面图

图 3-29 水下圆柱照片

6. 舷侧板

　　沿舰体两侧分布，在泥中呈竖直状，由此构成沉舰的外部舰体轮廓。舰体的艉部左、右两侧发现倒覆状态的舷板，以右舷侧处的保存最大，宽 1.5 米、残长 3 米，由两块舷侧板搭接而成，由于无泥沙支撑，故而倒覆于海底，表面附着海蛎壳，板块边缘因海水腐蚀已残损变薄（图 3-30、图 3-31）。

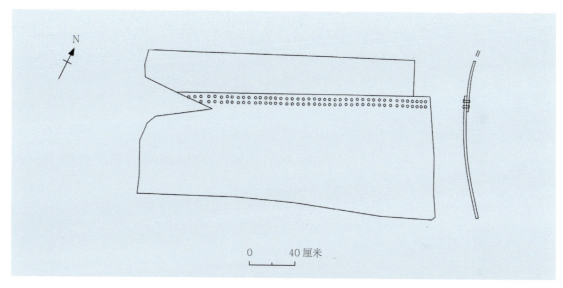

0　　　40 厘米

图 3-30　右侧舷板平、剖面图

图 3-31　倒覆的右舷侧板

第四节 遗物分布

　　历次调查主要围绕沉舰舷侧外部进行抽沙揭露，因而，出水文物主要发现于舷侧附近，少量散落于海床表层。因人为破拆干扰较大，文物存在较大的移位，分布规律不是太明确。武器弹药全遗址中均有发现，瓷器类文物仅见于艏、艉部，个人生活用品多见于艉部。

　　海底重要文物位置，包括：加特林机枪与炮架，发现于艏部，呈倾倒状态，枪、架分离，枪管半露于海床上，周边绞缠着渔网。枪管上覆有一层海生物遗骸及铁锈凝结体。机枪原装于后桅盘上，军舰沉没时从高处跌落下来，在枪管的前端有一处明显的磕碰凹陷（图3-32）。

图3-32　加特林机枪及炮架发现情况

鱼雷引信，发现于右舷前部，应为右舷前面的鱼雷舱抛出，该处还残留一块弧形钢板，鱼雷引信斜靠在钢板凝结块上，其头部的钢材质已凝结成团（图 3-33）。此钢板外侧面由上至下附着已死的海蛎壳，由此可还原泥沙将舰体淤埋过程。

　　方形舷窗，发现三件，均位于右舷侧外边，平躺于泥中。中部两件、后部一件（小探方 T01），除中部的一件外，另两件都有提取出水（图 3-34），窗玻璃已碎裂成小块，应与高温骤遇冷水有关（图 3-35）。

　　152 毫米炮弹，位于右舷近中部，浅埋于泥中。此种炮弹为致远舰舷侧副炮所用，发现时表面覆盖一层厚厚的凝结层，外表黑色杂有红色铁锈，以致直径尺寸达 20 厘米左右（图 3-36）。

图 3-33　水下发现的鱼雷引信

图 3-34　右舷外发现的方形舷窗

图 3-35　碎裂的舷窗玻璃

图 3-36　152 毫米炮弹发现时的情况

图 3-37   水下发现的单筒望远镜

陈金揆单筒望远镜，因质轻被水流携带稍远。位于中部右舷外 2 米，埋于泥下近 1 米深，镜筒发现时中部有破碎（图 3-37）。

注释

[1] 国家文物局水下文化遗产保护中心、辽宁省文物考古研究所：《辽宁"丹东一号"清代沉船》，《考古》2016 年第 7 期。
[2] 遗址中的贝类有采集，见本书第一章第一节"水生生物"。
[3] 宗泽亚：《清日战争》，北京联合出版公司，2014 年。

第四章 出水文物

第一节　概况

历年水下考古调查获得出水文物共计 428 件（套），材质有银、铜、铁、铅、石、木、骨、瓷、皮革、玻璃、橡胶等。以铜质文物为主，共计 339 件；瓷器次之，共计 28 件；其他材质的文物数量从十余件到几件不等。参考器物的外形及用途，可归为 70 多个种类，用途涉及船体构件、武器弹药、机器配件、电气设备、工具材料、生活用品，等等。本章按文物材质分类描述，具体可参见出水文物统计表（表 4-1、表 4-2）。

水下考古抽沙揭露主要围绕着舷侧边进行，出水文物也主要来自于舷侧附近的抽沙区域，以及对散落于海床表面（含舱内）浅层文物的提取。以上事实导致考古获取的文物只能部分反映现有遗址的文物类型情况，尤其还应考虑海战对易燃、易碎物品的额外损伤。由于激烈海战与长期破拆所造成的严重损伤，完好状态的舰载文物内涵更无从得知。所以，需要特意指出来的是，上述统计出的文物数量与种类并不能完全反映整个遗址范围内文物的真实情况。

本批出水文物外观，相对于原始状态都有较大的变化。一是战火焚毁，加上长时间的破拆、渔民的拖网拉拽，造成文物形状受外力影响（爆炸、拉扯等）变形。二是海水水压的影响，造成密封状态的物品外壳被压扁，乃至开裂，这在弹药中最为常见（图 4-1）。三是长时间受到海水的腐蚀，也造成一些器物外表漆、釉脱落，铁质文物因海水腐蚀变糟朽，

图 4-1　外壳被压扁的子弹

并于外部形成凝结块（图4-2）。此外，海水里埋藏环境的改变也会带来一些器物外观颜色上的变化。其中，铜质文物表现最为明显，长期埋在沙层里的铜器，其表面的氧化层被海水腐蚀掉而呈现出黄铜的明黄色与红铜的橘红色（图4-3、图4-4），待抽沙出露后，海水中的浮离氧又会将其氧化，不久再度包裹上一层绿色铜锈。此外，海洋生物也附着在每件文物上形成或多或少的包裹层。

在材质分类时，也面临众多复合材质的文物，有铜木、铜铁、铜铅、铁木、铜瓷等组合。既有不同材质的组装情况，也有不同材质一起铸造的复合工艺。前者如铁木结构的滑轮、带下漏的陶洗盆；后者如电气开关、铅质弹头与铜质弹壳等。文物统计分类时按复合材质文物的主要材质进行分类，描述时特加以说明。

图4-2 包裹有一层铁锈的滑轮
2016DD：40

图4-3 刚清理出来的黄铜弹药

图 4-4　刚揭露呈现铜质本色的舷窗

第二节　铜器

致远舰遗址出水的铜器数量最多，共计 323 件。铜器种类繁多，包括武器、弹药、船体构件、船舱内饰、铭牌、锁具、灯具、工具、以及生活物品，等等。少量完整件，多数为残件，即从大物体上崩落的小零件或连接管件等。

铜器较铁器耐腐蚀，受海水影响小；加之比瓷器、木质类文物坚固，总体而言铜器保存相对要好，外形较原物改变较小。由于水压的关系，一些密闭空腔的物体（如子弹）会出现外壳被压瘪乃至开裂的现象。现按用途归类介绍。

（一）武器

共计 10 件（套），除发现一挺完整的机枪外，其他均为从武器上崩落的零部件。

1. 11 毫米加特林机枪　1 挺。

2014DD：29，基本完好，与炮架同出，发现时表面覆满海生物遗骸及凝结物，其后用了一年时间除锈封护。机枪外观酷似旧式的短管前膛炮，从炮口可见 10 个 11 毫米的枪眼。十根枪管在枪套中呈圆形排列，炮身两侧带有柱状炮耳，炮口带铜箍，准星置于炮口左侧。进弹口开于炮身后部上面，喇叭形，可插入弹匣（缺失）。摇柄置于尾端右侧，使用时通过转动摇柄带动枪管旋转，完成每根枪管的快速击发与更换。机枪上还设有冷却水的进、出水口，进水口设在炮管口的正上方，出水口设在炮管下方，位于在炮耳之后、弹匣之前。炮管下还设有两个卡槽，用于安装弧形标尺（缺失），以便观测炮身仰角。炮耳上有錾刻铭文，计三排："№""4781""1887"。4781 为编号，1887 为生产年份。通长 117、炮管外径 18 厘米。冷却水孔径 3.8 厘米（图 4-5）。

图 4-5　11 毫米加特林机枪　2014DD：29

铭牌,镶在炮身后部,进弹口之后,外表明黄色。椭圆形,内容有:"GATLING GUN"(武器名称)、"SIR W. G ARMSTRONG MITCHELL & Co. LIMITED"(公司名称)、"№ 4781"(生产编号)、"CAL 0.45"(口径)、"PATENTED""MODEL 1886"(专利型号)、"NEW CASTLE ON TYNE"(产地)信息。其中,"GATLING GUN"刻在铭牌中间最醒目位置,其他铭文依照铭牌形状呈弧形排列。此外,"CAL.0.45"为武器口径,CAL.为CALIBER(口径)的简称,0.45按英寸换算为公制即是11毫米。铭牌长10.1、宽7.2厘米。

图4-5 11毫米加特林机枪 2014DD:29(续)

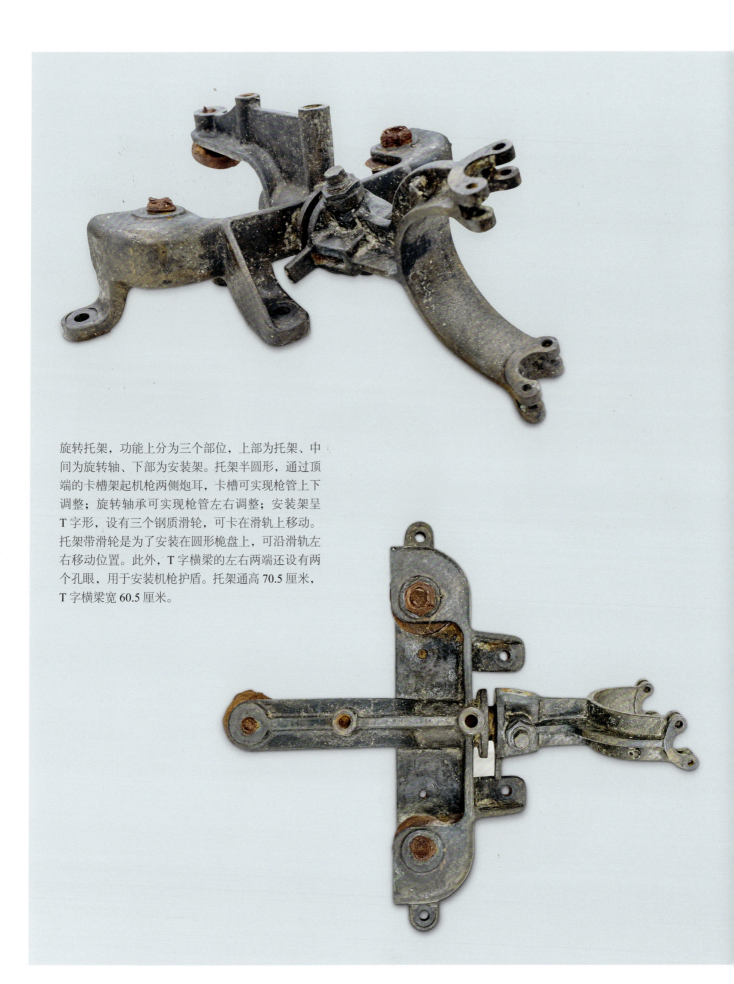

旋转托架，功能上分为三个部位，上部为托架、中间为旋转轴、下部为安装架。托架半圆形，通过顶端的卡槽架起机枪两侧炮耳，卡槽可实现枪管上下调整；旋转轴承可实现枪管左右调整；安装架呈T字形，设有三个钢质滑轮，可卡在滑轨上移动。托架带滑轮是为了安装在圆形枪盘上，可沿滑轨左右移动位置。此外，T字横梁的左右两端还设有两个孔眼，用于安装机枪护盾。托架通高70.5厘米，T字横梁宽60.5厘米。

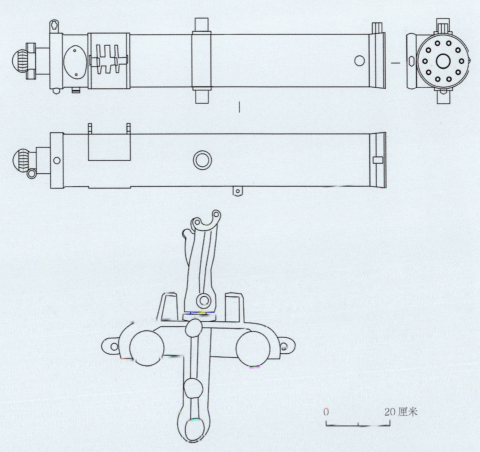

图4-5　11毫米加特林机枪　2014DD：29（续）

0　　　　　　20厘米

2. 肩托　1件。

2016DD：03，基本完好。呈 T 字形，前部直杆采用工字梁，近前端有两个孔眼，用于安装在炮身上。弧形挡板位于右后侧，退弹壳时可以保护开炮的士兵。并设有一个小孔，该孔眼用于穿过击发拉绳。握柄上端为铜铸，微弧而上翘，下端安装木质的手持握柄（缺失），残留有数枚固定螺栓。该器物为 57 毫米哈乞开斯炮的肩托，外表粘附有海洋贝壳类生物，局部透露出绿色铜锈。全长 98 厘米，铜质握柄高 54、宽 5.5 厘米（图 4-6）。

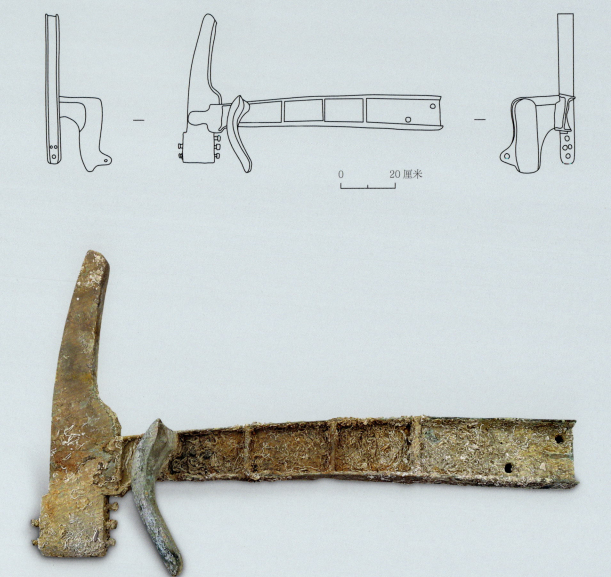

0 _____ 20厘米

图 4-6　肩托　2016DD：03

3. 齿轮　1件。

2015DD：02，完好，覆满绿色铜锈。属于伞齿轮构造，齿数25，中空，带一小段套管，套管侧面开有一个固定小孔。为37毫米哈乞开斯炮侧身的调节旋钮。外径4.5、高2厘米，套管内径0.84厘米（图4-7）。

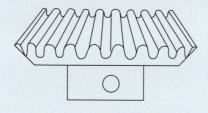

0　　1厘米

图4-7　齿轮　2015DD：02

4. 刺刀柄 1件。

2015DD：49，残，覆满绿色铜锈。鹰嘴柄，截面扁圆形，中空。侧面开有凹槽或卡口，用于装嵌刺刀与装饰物。为马蒂尼·亨利（Martini–Henry）步枪的刺刀柄。长5、宽3厘米（图4-8）。

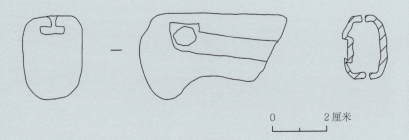

0   2厘米

图4-8　刺刀柄　2015DD：49

5. 步枪扳机护圈 1件。

2015DD：133，完好。桥形，前部横穿一小孔，直径5毫米，用以固定步枪背带。两端的侧面各有一小孔，以便固定在木质枪身上。器物长14.5厘米，宽3.8厘米，厚1.9厘米（图4-9）。

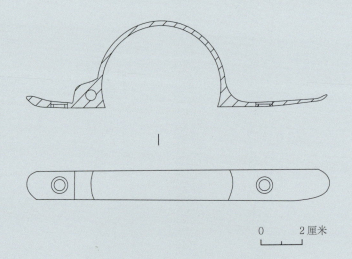

0   2厘米

图4-9　步枪扳机护圈　2015DD：133

6. 箍 4件。

标本 2015DD：54，基本完好，覆满绿色铜锈。环状，用铜皮卷管而成，中空。用途为枪管套箍，有见于马蒂尼·亨利步枪的枪管上使用。外径3.2、内径2.7厘米（图4-10）。

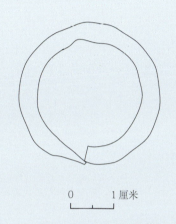

0   1厘米

图4-10 箍 2015DD：54

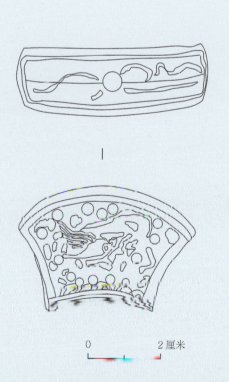

0   2厘米

图4-11 剑首 2015DD：97

7. 剑首 1件。

2015DD：97，完好，铜质偏暗，属于冷兵器。扇形，中空，合范铸成。正面镂空海水龙纹，侧面模印云纹。首端正中有一系剑穗的小孔。长3.1、厚1.8厘米，尾部最宽处4.8厘米，铜壁厚0.15厘米（图4-11）。

（二）弹药

共计 120 件，种类繁多。此处铜质弹药涉及 11 类，多数为使用过的药筒，少量完好者。

1. 鱼雷引信　1 件。

2015DD：68，基本完好。铜质外壳。前部呈圆锥形，设有嵌入的卡槽，保险梢尚存。发现时顶端的翅钢枪受海水腐蚀形成一团凝结块，后由文保人员除锈保护。后端药筒呈细长管状，受水压而开裂，裂缝中可见药棉。鱼雷引信使用时才拔去保险梢，并整体插入鱼雷弹体前端，仅露出顶端的翅钢枪。该鱼雷引信发现于右舷前部附近，供该处鱼雷管使用。全长 58、药筒径 3.8 厘米（图 4-12）。

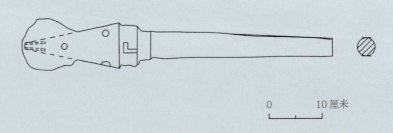

0　　　　　10 厘米

图 4-12　鱼雷引信　2015DD：68

2. 开花弹引信　3 件。

标本 2015DD：57，带一点弹片。外观呈伞形，后端体带有螺纹，前端平顶，两侧各开有一小孔，安装时可以用工具夹住旋入弹头前端。有 2 件引信还残留有一点铁质弹片。该引信为开花弹的引信，为舰船上主炮一类大口径的炮弹所使用，应来自敌方炮弹。高 3 厘米，顶端径 1、锥体径 1.5 厘米（图 4-13）。

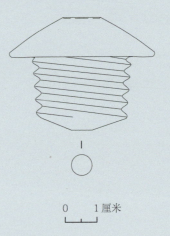

0　　1 厘米

图 4-13　开花弹引信　2015DD：57

3. 57 毫米口径哈乞开斯炮弹　17 件。

定装弹，发现钢弹（steel）、霰弹（shrapnel）两种弹头样式，完好者计 5 件，其他均为使用过的药筒残件。

标本 2014DD：25，大体完好。由弹头、药筒组成。弹头钢质，圆锥形，弹体修长，因锈蚀严重弹体已剥落掉一层，现存弹头长约 13.2、最大径 4.2 厘米。药筒保存较好，外部受水压变瘪，底火已失，底盖上留有五个固定底火的平头铆钉。一个螺栓上印有英文"EOC"（"EOC"为"The Elswick Ordnance Company"的简写，即埃尔斯维克军械公司），叠印在一起。出水时表面粘满凝结物，除锈后，药筒露出铜质光泽，黄铜质地。该炮弹为 57 毫米哈乞开斯穿甲弹，采用的是钢弹头。弹体通长 46 厘米，药筒底座直径 8 厘米，铆钉径 0.7 厘米（图 4-14）。

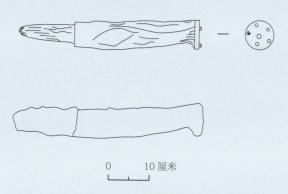

0　　10 厘米

图 4-14　57 毫米口径哈乞开斯炮弹　2014DD：25

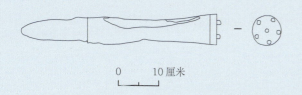

0　　10 厘米

标本 2015DD：09，大体完好。形制同于标本 2014DD：025，为穿甲的钢弹样式。出水时弹头部附着厚厚的凝结物，药筒已压瘪。药筒底部有五个固定用的铆钉，底火已失，正中出露圆孔（底火位置），直径 1 厘米。通长 48.5 厘米，底部铆钉直径 0.7 厘米，底火孔径 1 厘米（图 4-15）。

图 4-15　57 毫米口径哈乞开斯炮弹　2015DD：09

标本 2015DD：85，大体完好。形制同于标本
2014DD：025，为穿甲的钢弹样式。弹头与药筒皆
存，外表粘附有凝结物，弹头锥形，铁质有剥落，
药筒挤压变瘪，底盖被凝结物盖住，五个固定铆钉
尚存。通长 48 厘米，底径 7 厘米（图 4-16）。

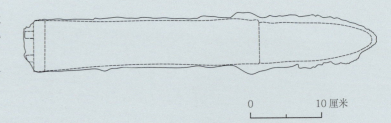

0   10 厘米

图 4-16   57 毫米口径哈乞开斯炮弹   2015DD：85

标本 2015DD：41，大体完好。为 57 毫米哈乞开
斯霰弹头。外壳铜制，前端被帽，呈锥形；中部圆
筒状，内装铅弹丸，后端收小，形如榫头，可插入
药筒中（药筒缺失）。弹体外壳受水压变瘪，体内
的铅弹形状依稀可见。通长 21、径 5.7 厘米（图 4-17）。

0   4 厘米

图 4-17   57 毫米口径哈乞开斯炮弹   2015DD：41

标本 2015DD：33，大体完好。为 57 毫米哈乞开斯炮弹的药筒。圆筒状，口部有收口，略有变形。底座见五个固定底火的铆钉，炮弹已击发，正中见一圆孔（底火位置）。长 30、口径 5.7、底径 7 厘米（图 4-18）。

图 4-18　57 毫米口径哈乞开斯炮弹　2015DD：33

标本 2014DD：30，残损。为 57 毫米哈乞开斯炮弹的药筒。圆筒状，口部有收分，底部留有五个铆钉。该药筒遭腐蚀严重，弹壳变薄，表面已锈蚀出多个孔洞。残长 29.5 厘米，底部直径 6.6 厘米（图 4-19）。

图 4-19　57 毫米口径哈乞开斯炮弹　2014DD：30

4. 47 毫米口径哈乞开斯炮弹　2 件。

2015DD：115，大体完好，外壳受水压严重变形，表面氧化成铜绿色。霰弹样式，弹头部呈圆锥形，被帽已失，内装的弹丸粒粒可见；药室原为圆筒状，现凹陷扭曲，固定底火的平头铆钉用四个。全长 46 厘米，药筒底径 6 厘米，弹头口径 47 毫米（图 4-20）。

2015DD：40，残，仅存药筒，外表铜绿色。口部有破裂，中部被压瘪弯曲，底部有四个固定铆钉。底火已失，仅见正中的小孔。全长 37 厘米，药筒底径 6 厘米，底火孔径 1 厘米。

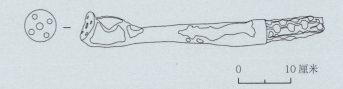

图 4-20　47 毫米口径哈乞开斯炮弹　2015DD：115

5. 37 毫米口径哈乞开斯炮弹　27 件。

数量相对稍多，发现有钢弹（steel）、霰弹（shrapnel）两种弹头样式，完好者计 4 件。

标本 2015DD：14，完好，表面包裹一层凝结物。钢弹样式，弹头完整，前端锥形，弹头和药筒壳之间加有弹带。除锈之后，可见药筒采用双层铜皮卷管制成。弹壳受水压凹陷、褶皱，底盖用三个铆钉固定，缺失两枚。通长 17 厘米，弹径 3.7 厘米（图 4-21）。

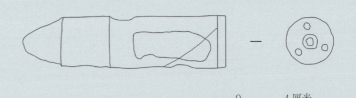

图 4-21　37 毫米口径哈乞开斯炮弹　2015DD：14

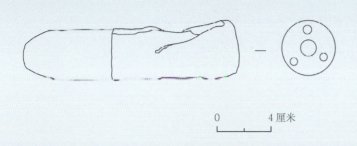

0   4 厘米

标本 2015DD：15，大体完好。器物为圆柱体，霰弹样式，弹头部外套铜皮，内装铅弹丸，受水压依稀能看出内部的弹丸形状。药筒以双层铜皮卷管而成，受水压而内凹、开裂。底盖尚存，固定铆钉、底火均已缺失，唯余四个孔洞。弹体通长 15.8 厘米，底盖外径 4 厘米。铆钉孔径 0.5 厘米、底火孔径 1 厘米（图 4-22）。

图 4-22   37 毫米口径哈乞开斯炮弹   2015DD：15

0   4 厘米

标本 2015DD：50，残，仅存药筒。以双层铜皮卷成筒形，底盖有三个铆钉孔，中间为底火孔。长 9 厘米，药筒口径 3.7 厘米，底盖径 4 厘米（图 4-23）。

图 4-23   37 毫米口径哈乞开斯炮弹   2015DD：50

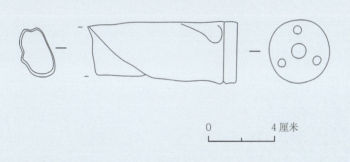

0   4 厘米

6. 加特林机枪子弹   35 枚。

完好者计 18 枚。标本 2015DD：32，完好。分弹头与弹壳两部分，两者交界处粘有一块凝结物。弹头为圆头铅质，弹壳为铜质，中部受水压变瘪。弹壳底端凸缘，底部有铭文：上部为字母 "R" "L" 中间插入箭头；左右为数字 "8" "7"。全长 8.7 厘米，口径 1.1 厘米，底壳直径 1.6 厘米（图 4-24）。

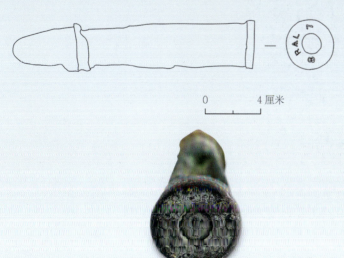

图 4-24   加特林机枪子弹   2015DD：32

标本 2014DD：21，完好。弹头处有磕碰，弹壳被挤压变形。底部印有同样的字母、数字，依稀能辨认出 "8" "R"。全长 8.7 厘米，弹头部出露 1.6 厘米（图 4-25）。

图 4-25 加特林机枪子弹

7. 毛瑟（Mauser）步枪子弹 21件。

完好者计4枚。标本2015DD：13，完好。分弹头与弹壳两部分。弹头较短，圆头铅弹。弹壳中部凹陷，布满绿色铜锈。底端缩缘，底火尚存。通长7.2厘米，底径1.4、口径1.1厘米，弹头部出露1.2厘米（图4-26）。

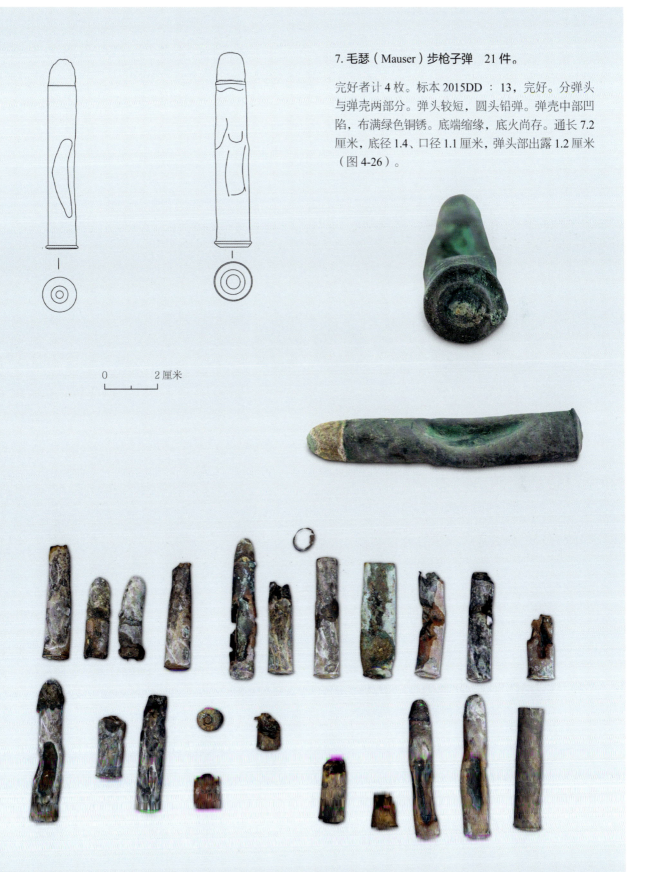

0   2厘米

图4-26 毛瑟步枪子弹

8. 马蒂尼·亨利步枪子弹 5枚。

均为残件，只存弹壳底盖。标本2015DD：56，残。圆形底盖，黄铜质地。正中为安装底火的孔洞。底部印有铭文：上部为英文"NEWNHAM"（纽纳姆），左右刻符号"No."、"12"（型号）。下部为英文"LONDON"（伦敦）。底径2.1厘米（图4-27）。

图4-27 马蒂尼·亨利步枪子弹

9. 8毫米口径斗牛犬左轮手枪（Bull Dog revolver）弹 5枚。

完好者2枚，另3枚仅存弹头。

标本2015DD：98，完好。弹头、弹壳皆存。弹头为实心圆头铅弹。弹壳为瓶颈式，黄铜质地，中部受水压凹陷，底端凸缘。全弹通长24毫米。口径8毫米（0.32英寸），底径9.5毫米，弹头部长8.2毫米（图4-28）。

图4-28 8毫米口径斗牛犬左轮手枪弹

10. 0.45 英寸亚当斯（John Adams）左轮手枪弹　3 枚。

完好者 2 枚。标本 2015DD：107，完好。弹头为圆头铅弹，弹壳为铜制，药室有裂纹，底端凸缘。弹壳底部印有 "ADAMS' S P. S AM CO" "STRAND LONDON"。"ADAMS' S P. S AM CO" 为公司 "The Adams' s Patent Small Arms Company" 的缩写。"STRAND LONDON" 为厂址。全弹通长 28.7 毫米，底径 12.7 毫米，弹头部长 11.7 毫米，口径 0.45 英寸（11.86 毫米）（图 4-29）。

图 4-29　0.45 英寸亚当斯左轮手枪弹

11. 12.1 毫米口径手枪弹　1 枚。

2015DD：108，残，仅存弹头。弹头为圆头铅弹，中空，后端带两道凹槽。整体呈灰黑色。弹长 2.1 厘米，口径 0.12 厘米。推测为 12.1 毫米（0.476 英寸）恩菲尔德左轮手枪（Enfield revolver）子弹的弹头（图 4-30）。

图 4-30　12.1 毫米口径手枪弹　2015DD：108

（三）外窗

共计 6 件，包括方形舷窗、圆形舷窗、鱼雷观察窗。

1. 方形舷窗　3 件。

2015DD：117，大体完好。由外框、舷窗、窗檐三部分组成。外框近似正方形，中部掏空，边沿宽 7 厘米，每边钻有 4 个固定小孔；外侧一面的上部装有 2 个合页，可与舷窗相连；内侧一面的下部装有 2 个元宝形固定螺栓，以便锁紧舷窗。舷窗亦为方形，尺寸稍大于外框内沿，中间开一圆形窗口安装玻璃，现已碎裂，但未剥落。窗檐安装在外框的上部，微弧，开有 5 个固定小孔。除玻璃外，均为黄铜质地，通体氧化为绿色。外框长 50.3、宽 48、厚 2.8 厘米。玻璃窗口直径 24.5、厚 4 厘米（图 4-31）。

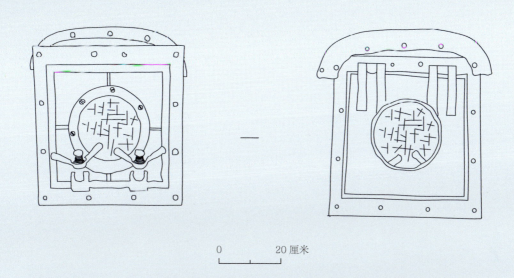

0 ——— 20 厘米

图 4-31　方形舷窗　2015DD：117

2015DD：59，大体完好。由外框、舷窗、窗檐三部分组成，结构同于2015DD：117。唯舷窗玻璃已缺失。出水时板结有木、铁等凝结物，现已去除，外观为黄褐色，黄铜质地。边框长50.5、宽48厘米（图4-32）。

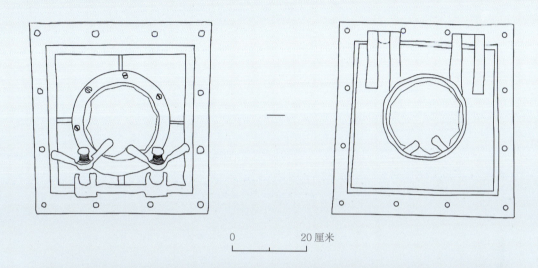

0　　　　　20厘米

图4-32　方形舷窗　2015DD：59

2016DD：09，方形舷窗的窗檐，基本完好。拱形，顶部微弧，等距开有 5 个固定用的铆钉孔眼。窗檐侧面看有折沿。出水时包裹一层凝结物，透露出黄绿色铜锈。外径 55 厘米，宽 4.5 厘米（图 4-33）。

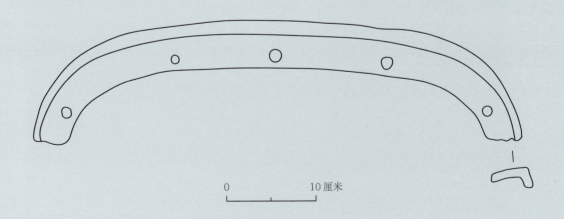

0   10 厘米

图 4-33 方形舷窗 2016DD：09

2. 圆形舷窗 2 件。

2016DD：08，大体完好，玻璃残碎。由外框、舷窗两部分组成。外框为环形，中部掏空，外框上一圈开有 8 个铆钉孔，钉头为六角形；外侧面的上端装有 个合页，连接舷窗；内侧面的下端装有一个带内牙的环形自攻螺栓，以便锁紧舷窗。舷窗亦为圆形，尺寸稍大于外框内径，正中开一圆形窗口，原安装有玻璃，现已碎裂，凹缝中残留有玻璃残片。该舷窗发现于舰首，残留有一点舷侧钢板，出水时粘附有大块凝结物。舷窗外径 52 厘米，边框宽 8 厘米，玻璃窗口直径 24.5 厘米（图 4-34）。

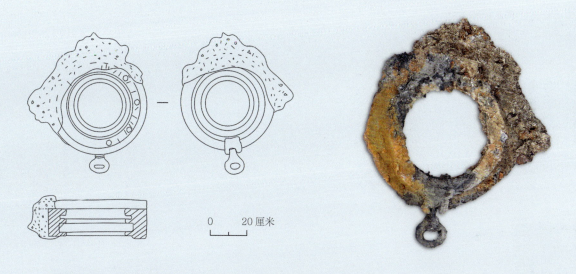

0　　　20 厘米

图 4-34　圆形舷窗　2016DD：08

2016DD：13，圆形舷窗残件。为一块圆形舷窗外框，其上有合页插销槽。边框外径 53、宽 8.5 厘米，板厚 2 厘米（图 4-35）。

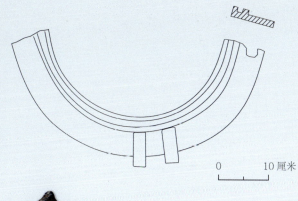

0　　　10 厘米

图 4-35　圆形舷窗　2016DD：13

3. 鱼雷观察窗   1件。

2016DD：35，残损一半。窗口尺寸小，为长方形的窗口外框。一侧沿口微凸（舱外）。另一侧的沿口压印出棱边（舱内），方便密封。每边现存三个固定铆钉孔。器表附着有盘管虫躯壳。该观察窗位于舯部稍靠前的地方，突出于舰体外壳，为该处鱼雷管发射提供海面上的观察视野。现残长14.4、宽13、厚0.8厘米（图4-36）。

0   4厘米

图4-36 鱼雷观察窗 2016DD：35

（四）船体构件

共21件，为舰船提供引航、动力、吊拉、防滑等功用的构件。

1. 单筒望远镜　1件。

2016DD：01，大体完整。镜筒用铜皮制成，外观长筒形，水下发现时镜筒中间有挤压残破，后有修复整形。筒身从痕迹来看，应包裹过软质材料（如皮革）。尾端目镜为喇叭形口，设有防尘镜盖。前端物镜筒上刻有英文花体字，可辨识为"Chin Kin Kuai"，为致远舰大副陈金揆的英文名字。陈金揆的职务仅次于管带邓世昌，曾是留美幼童。望远镜共配有三个目镜片、一个物镜片。全长48.5厘米，物镜直径4.6厘米，目镜直径3.8厘米，目镜长21.8厘米（图4-37）。

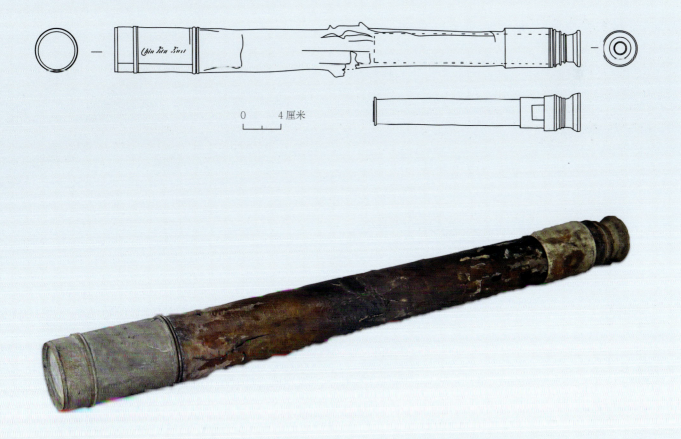

0　　4厘米

图4-37　单筒望远镜　2016DD：01

2. 航海汽灯　1件。

2015DD：132，残缺。仅存灯具上半部。顶部为半球形的遮光罩，下连灯身，灯身圆柱状，外面以4个细螺杆相连，内置玻璃灯罩，已残缺。两侧安装提钮，仅存一个。残高9.2厘米，螺杆长7.5厘米，遮光罩外径10.8厘米（图4-38）。

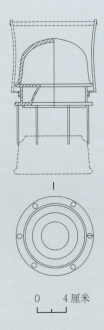

图4-38　航海汽灯　2015DD：132

3. 万向环　1件。

2014DD：14，残断。环状，整体扭曲变形，并从接缝处断裂。万向环由扁平形铜条箍成圆环，在四方位上各安装一个转动环，两两相对，一对向外，一对向内。万向环多用安装航海罗经，可确保正中的罗经保持水平。周长100厘米（复原径32厘米），所用的板材宽2.8、厚0.4厘米（图4-39）。

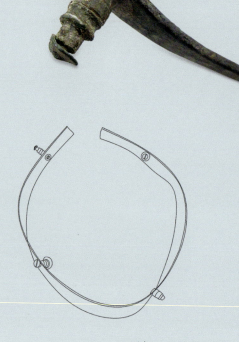

图4-39　万向环　2014DD：14

0　　　4厘米

4. 束管铜板　1件。

2014DD：03，残损，断裂成不规则铜板，材质青铜，板上密布镂孔，每个镂孔旋进了一个螺母，螺母上有方便旋转的一字开口。该构件为锅炉上的零件，为凝水管的束管铜板，中空螺母可固定凝水管，工作时，通过凝水管将锅炉热气与冷凝水进行热交换。残长 18、残宽 16、板厚 2 厘米，螺母内径 1.6 厘米（图 4-40）。

图 4-40　束管铜板　2014DD：03

5. 大型截止阀 1件。

2015DD：118，基本完好。三通结构，中空，内部有调节结构。圆柱形罐体，罐体上连接一弯头，口部带法兰盘。罐体两端各有一个开口，一端设计成法兰盘口，另一端设有截止阀，通过旋柄调节管内流量大小。器表布满铜锈，法兰盘接口处有裂缝。该截止阀应安装在锅炉主管道上。罐体外径48、高85厘米。接口直径43厘米，罐体壁厚2.1厘米（图4-41）。

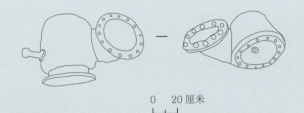

0   20厘米

图4-41 大型截止阀 2015DD：118

6. 管道旋柄 2件。

外观似车轴，正中有圆孔，内带螺纹。该器物为小型截止阀上的调节旋柄，使用时插入转轴中，转动旋柄来调节管内流量。标本2015DD：101，完好，器表布满绿色铜锈。外径9.8、高2.8厘米（图4-42）。

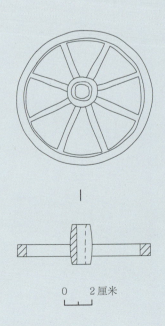

0   2厘米

图4-42 管道旋柄 2015DD：101

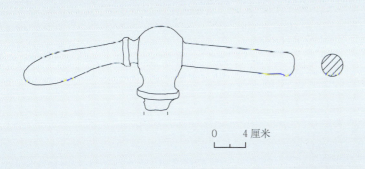

0 4厘米

7. 门窗旋柄 2件。

舱门旋柄，2015DD：44，残。旋柄实心杆，一端做成把手状，可以插入转动轴顶端的球头部。转动轴外带螺纹，自头部下残断。该旋柄多安装在舱门或舱盖上，需用力锁紧。旋柄长34厘米，转动轴残长10.4、径5.5厘米（图4-43）。

图4-43 门窗旋柄 2015DD：44

舱窗旋柄，2016DD：27，完好，表面一层黑色凝结物。元宝形旋柄，两柄上翘，轴心中空，内带螺牙，多安装在对水密要求较高的舱窗。在方形舱窗2015DD：117上有使用。柄长18.3、高2.5厘米，轴心孔径2厘米（图4-44）。

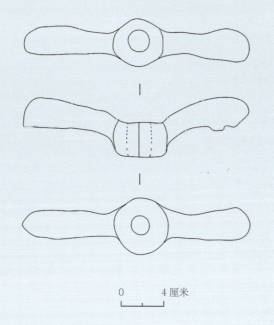

0 4厘米

图4-44 门窗旋柄 2016DD：27

8. 废液槽　1件。

2016DD：10，大体完好。用薄铜皮制成。半圆形槽。卷沿，中空。底部有一阀门，用于排放积液。口沿处长29、宽6.4厘米，通高8厘米（图4-45）。

0　4厘米

图4-45　废液槽　2016DD：10

9. 导缆柱　2件。

圆柱形，上部有凸起，用于细绳索的导缆。下端设计成方形卡槽，卡住木板，再通过铆钉孔固定。2件导缆柱安装在同一块木板上，器表有局部锈蚀（图4-46）。标本2016DD：18，通长18.2厘米，上部柱径2.1厘米，下部卡槽边宽5厘米。

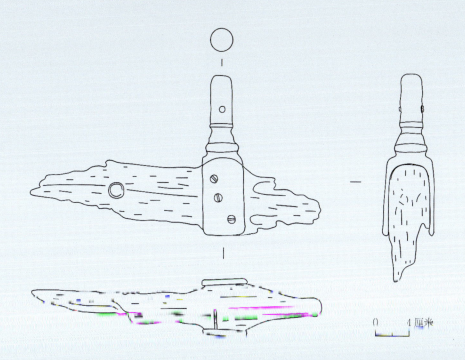

图4-46　导缆柱

10. 滑轮 1件。

2015DD：121，残。外框铜制，内嵌木质滑轮。外观近似梭形，中间大，两端小，上部两个系绳孔，下部四个螺丝连钉孔。整个滑轮从中部弯折，木滑轮已槽朽，其功用为侧拉的定滑轮。全长23厘米，中部宽5.9厘米，厚3厘米（图4-47）。

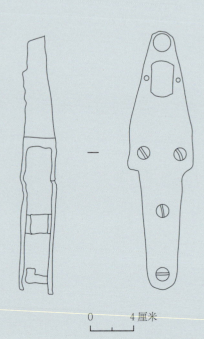

0　　　　4厘米

图4-47 滑轮 2016DD·121

11. 桨柄卡槽 2件。

2015DD：131，完好。长方形，中部开有 U 形凹槽，以便放入桨柄。两侧开有企口，便于安装时能更好地嵌入，通过螺丝钉固定在船帮上，左右共开有 6 个螺丝钉孔。器表通体绿色，6 枚螺丝钉尚存，带有小块木板。该物品用于救生小艇上，安装于船帮两侧，用于划桨卡位。长 20.1、宽 10.3、厚 4.8 厘米，凹槽大小 9 厘米（图 4-48）。

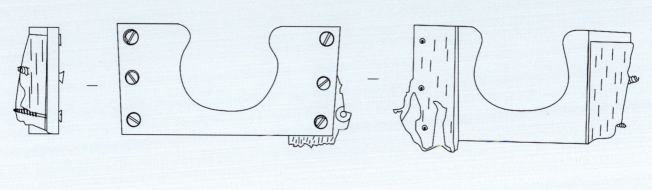

图 4-48 桨柄卡槽 2015DD：131

2016DD：36，完好，形制同
2015DD：131，中部开有 U 形
凹槽，两侧开有企口。当前，一
侧的 3 枚螺丝钉尚存，并附带一
块木板。另一侧仅存 1 枚螺钉。
长 20.3、宽 10.1、厚 4.6 厘米，
槽径大小 9.2 厘米（图 4-49）。

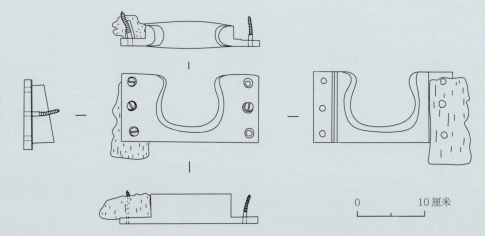

图 4-49 桨柄卡槽 2016DD：36

12. 栏杆　2件。

2015DD：70，残，杆管变形、破裂。球接栏杆式样，由两个立杆与一个主杆（扶手）组成。主杆横向穿过立杆顶上的空心圆球。立杆、主杆采用黄铜卷管而成，开缝。立杆残高32.5厘米，主杆残长24厘米，管径3.1厘米（图4-50）。

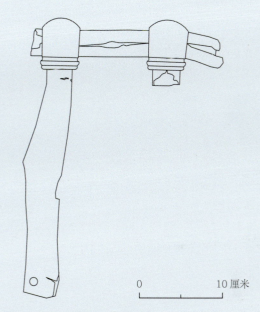

图4-50　栏杆　2015DD：70

2015DD：137，残。栏杆柱头。球形，中空，里带螺丝纹，外表锈蚀成黑色。柱头高7.2厘米、球径4.8厘米（图4-51）。

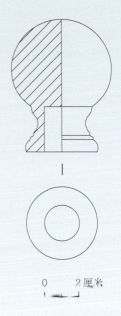

图4-51　栏杆　2015DD：137

13. 防滑板　3件。

大防滑板 1 件。2015DD：150，完好。用长条形铜板制成，一面平滑，另一面铸有 12 道防滑凹槽。四周空出沿边，沿边钻有 10 个螺丝安装孔眼。表面有扭曲，通体布满绿锈。长 60.7、宽 11.6、厚 1.5 厘米（图 4-52）。

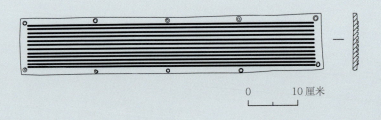

图 4-52　防滑板　2015DD：150

小防滑板 2 件。标本 2016DD：39，完好。基本形制同于 2015DD：150，尺寸更小。防滑凹槽仅 6 道，安装孔眼 6 个。板面内折，表面布满褐色、绿色的锈蚀层。长 46、宽 6.5、厚 1.5 厘米（图 4-53）。

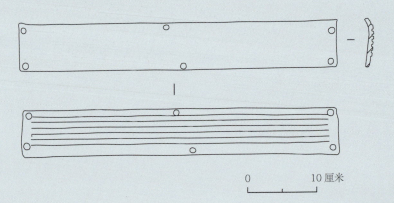

图 4-53　防滑板　2016DD：39

14. 花窗构件 1 件。

2015DD：128，大体完好。为花窗顶部的装饰构件。整体呈桥形，两端为实心球头，中部镂孔，镂孔部位嵌有卷草纹。黄铜质地，一端略有弯曲变形。全长33.3厘米，高9厘米。侧面厚2厘米（图4-54）。

0　　　4厘米

图4-54　花窗构件　2015DD：128

（五）锁具

共计 8 件。包括门锁与钥匙。

1. 插芯门锁 6件。

2014DD：13，大体完好。长方形，带两个锁舌，一个方舌，一个斜舌。正面两个孔眼，一个方形，一个狭长形为钥匙孔。门锁有 5 个安装用的孔眼，正面 3 个，残留有 2 枚自攻螺丝；侧面有 2 个安装孔。器表布满绿色铜锈，除锈后侧面出露有铭文，包括公司名称、商标。公司名称为 "GREENWAY CLIVE VALE & CO"，商标外观为一圆环内套三角形，三角形内绘一船锚，三边刻有字母 "W" "G" "B"。铜锁长 15 厘米，宽 10.1 厘米，厚 2 厘米（图 4-55）。

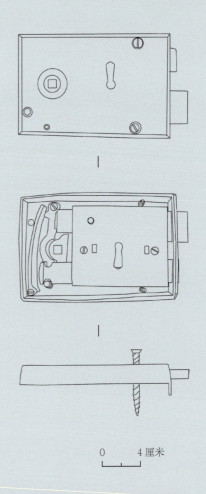

图 4-55 插芯门锁 2014DD：13

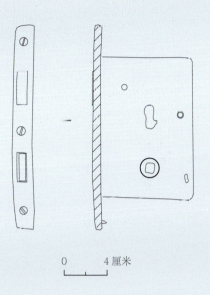

2014DD：18，完好。长方形，门锁较扁。侧面带两个锁舌，一个方舌，一个斜舌。正面两个孔眼，一个方孔，一个狭长形钥匙孔。门锁有6个安装用的孔眼，分布于正面四角、侧面盖板两端。侧面盖板长18.5、宽2厘米。门锁长12.5、宽8、厚1.8厘米（图4-56）。

图4-56　插芯门锁　2014DD：18

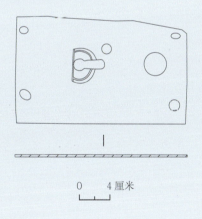

2014DD：08，残，仅存盖板，表面扭曲。为一长方形铜片，上面有三个孔眼，两个圆孔，一个为狭长形的钥匙孔。铜片四角各有一个安装孔眼。长12.5、宽8.2厘米，板厚0.2厘米（图4-57）。

图4-57　插芯门锁　2014DD：08

2015DD：105，基本完好。小型门锁，长方形，侧面带一个方形锁舌，盖板四角有安装孔眼。门锁连接有木块，上面残留有2个螺丝钉。锁长6.5、宽3.5、厚1.2厘米（图4-58）。

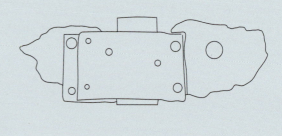

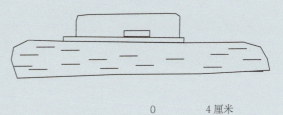

0   4厘米

图4-58 插芯门锁 2015DD：105

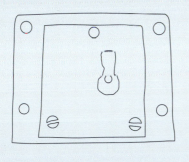

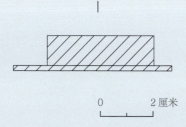

2015DD：66，基本完好。小型门锁，长方形，侧面带一个方形锁舌，正面有一钥匙孔，盖板上、下两端开有四个安装孔。锁长6、宽5、厚1.1厘米（图4-59）。

图4-59　插芯门锁　2015DD：66

2015DD：51，残，仅存外壳。小型门锁，方形，为门锁的底盒，一侧开口。正面有两个锁孔，瓶形孔为钥匙插入孔，方胜孔不详。安装小孔位于对角线上，计2个。长4.5、宽4、厚0.6厘米（图4-60）。

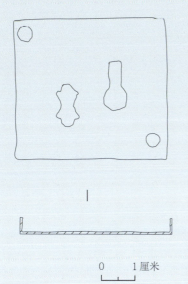

图4-60　插芯门锁　2015DD：51

2. 钥匙　2件。

2015DD：89，完好。制作精美，表面布满绿色铜锈。顶端握把做成扁圆形，直杆呈竹节状三段，末端拨齿扁平、对称。全长 7.4 厘米，握把长 2.4 厘米（图 4-61）。

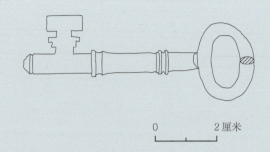

0　　　　　2厘米

图 4-61　钥匙　2015DD：89

2015DD：152，完好。器物细小，握把环形，与直杆相连，末端接一矩形拨齿。杆中空，用薄铜皮卷成。通长 2.3 厘米，握把径 0.8 厘米（图 4-62）。

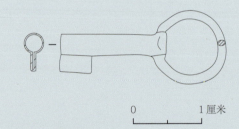

0　　　　　1厘米

图 4-62　钥匙　2015DD：152

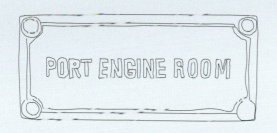

0　　　　2厘米

（六）铭牌、刻度尺、刻度盘

共计5件。

1.铭牌　3件。

2015DD：03，完好。表面布满铜锈，长方形，四角留有安装孔，以阴线錾出边框。铜牌正中印有大写英文字母"PORT ENGINE ROOM"。标明为左引擎室位置。铜牌长10.1、宽4.2、厚0.2厘米（图4-63）。

图4-63　铭牌　2015DD：03

0　　　　4厘米

2015DD：42，完好，表面布满铜锈。倭角长方形，边沿起棱边，两端各有一个安装孔。正面铭文计三排，全为阳文，第一排"MAIN DISCHARGE"，第二排为罗马数字"Ⅰ Ⅱ"，第三排"17 13/4 BELOW RAIL"。标明主排泄口的位置与参照数字。长18、宽6.6、厚0.4厘米（图4-64）。

图4-64　铭牌　2015DD：42

2015DD：39，完好。长方形，两端各留有一个安装孔，用阴线压出边框。铜牌正中人为錾刻有汉字，从右向左为"火輪机 進水"。该铜牌用铆钉锁在铁板上，出水时与铁板粘连在一起（含2枚铆钉），表面包裹一层铁锈。长13、宽4.5厘米（图4-65）。

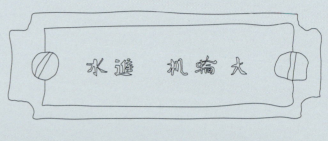

图4-65 铭牌 2015DD：39

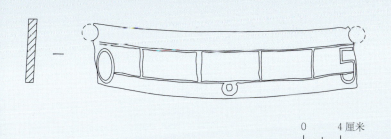

0　　　　4厘米

2. 刻度尺　1件。

2015DD：43，残，表面布满铜锈。微弧形。用铜板制成，尺两端断裂，板面有扭曲。正面带刻度线，双排阴线，中间平均分格，残存 5 格，分别刻上数字"0""5"。残件上可见 3 个安装小孔，分别位于铜板的上、下边沿，按等距错位方式排列。残长32.5、宽7、板厚0.8厘米。刻度每格间距6.4厘米（图4-66）。

图 4-66　刻度尺　2015DD：43

3. 刻度盘　1件。

2015DD：71，完好，表面有铜锈。弧形盘。盘面带有刻度线，双排阴线，中间平均分格，每 5 格支出边线，并标上数字，从右到左标示"25""30""35""40""45""50""55""60""65"。安装孔眼布于边沿，端头对齐，中间错位排列，上下各计 4 个。弧长79、板宽7、厚0.9厘米（图4-67）。

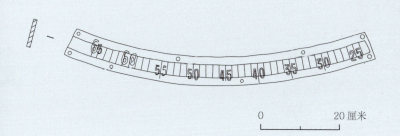

0　　　　20厘米

图 4-67　刻度盘　2015DD：71

（七）接头、管材、板材

共 15 件。

1."测船底管"　1 件。

2015DD：16，完好。接头样式。宽沿，套管内带螺纹，配有一个实心堵头。沿面铸有铭文，上部印有大写英文"SOUNDING PIPE"，下部人工錾刻有汉字"测船底管"；背面印有"E""B""14"字样。沿面上开有 4 个安装孔，堵头面开有一字槽。通体布满绿釉。安装于舱盖上，采用"听声"方式监测舱内液面（油、水）的高度。外径 12.5、管内径 5.6、高 3.1 厘米（图 4-68）。

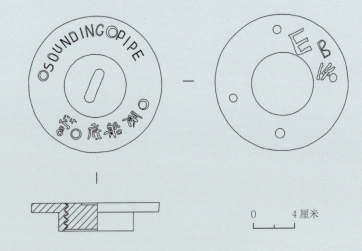

图 4-68　"测船底管"　2015DD：16

2. 消防水接头 2件。

2015DD：129，完好，表面布满绿锈。上端接口较短，为螺纹接口；下端接口较长，为瓦楞状接口（可接入皮管）。中部有两个柱状凸起，便于用工具旋转。上端口径9厘米，下端口径6厘米，高12厘米。

2015DD：130，完好。形制同2015DD：129。惟外壁上因浸漏补了一块铜疤。上端口径9厘米，下端口径6厘米，高12厘米（图4-69）。

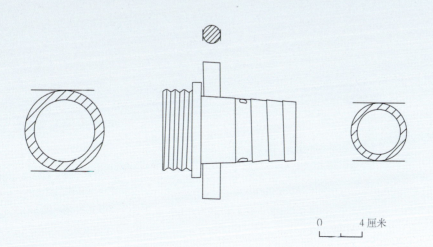

0   4厘米

图4-69 消防水接头

3. 下漏 2件。

2015DD：136，残。形制类似于2015DD：16，宽沿，套管内带螺纹，配有一个实心堵头。受安装的空间限制（如过于狭小的原因），特将宽沿截去一块。沿面开有4个安装孔，其中一个孔内还残存有1枚螺丝钉，其下部粘接有一块瓷砖。推测安装于厨房地面，表面锈蚀较重。外径9.8、管内径4.9、高1.5厘米（图4-70）。

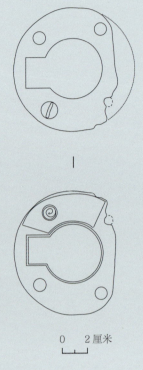

0   2厘米

图4-70　下漏　2015DD：136

2015DD：17，大体完好，表面有锈蚀。直口，上端进水口，口径较大，往下两次收分，出水口处铸有一污物拦截横条。进水口径9.8厘米、出水口径5.3厘米，高5.4厘米（图4-71）。

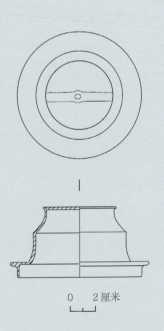

0   2厘米

图4-71　下漏　2015DD：17

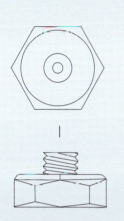

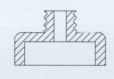

4. 变径接头　1件。

2015DD：100，完好，表面布满绿锈。外观似六角螺母，连一段外牙套管。变径接头相对下漏而言，有承压要求。上端口径较大，达 5.0 厘米；下部口径小，仅 1.1 厘米，通高 4.3 厘米（图 4-72）。

图 4-72　变径接头　2015DD：100

5. 堵头　1件。

2015DD：147，完好，表面布满绿锈。平顶，沿面开有一方孔。下部堵头布满螺纹。盖沿径 6.5 厘米，堵头径 5.5 厘米，高 2.1 厘米（图 4-73）。

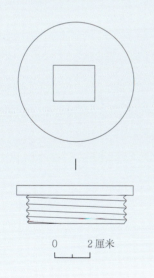

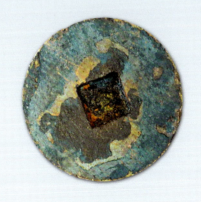

图 4-73　堵头　2015DD：147

6. 管材　2件。

2014DD：09，残损。长管状，两端均有残断，管材因受力而有弯曲，一端被砸扁。黄铜质地，管壁较厚。残长 75、外径 3.4、内径 2.8 厘米（图 4-74）。

0　　10 厘米

图 4-74　管材　2014DD：09

2015DD：84，残损。长管状，中空，里面装有松香。两端残断，管材从中部弯折。以铜皮卷管而成，接缝未有密封。黄铜质地，管壁较厚。残长 38 厘米，外径 3.3 厘米（图 4-75）。

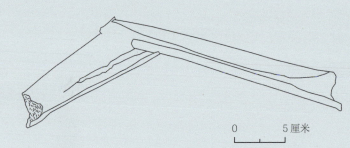

0　　5 厘米

图 4-75　管材　2015DD：84

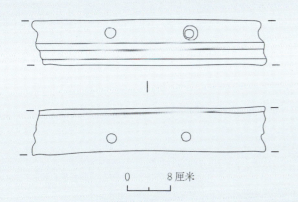

图 4-76　板材　2016DD：14

7. 板材　6件。

2016DD：14，残损，表面包裹一层绿锈、凝结物。长条形，两端残断。沿边带有浅槽，用以密封。板上等距开有安装孔眼，现存4孔（2孔残）。残长42.5、宽8厘米，板厚2.6厘米，孔间距14厘米（图4-76）。

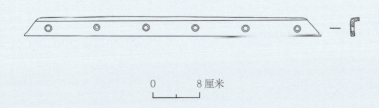

2016DD：17，完好，表面包裹一层绿锈。长条形，窄边，两端呈斜角切断。按其样式类似攒边工艺，用四块板围合成门窗类的边框。一排开有6个安装孔。长58、宽3.2、厚1.6厘米，安装孔间距9.5、孔径0.8厘米（图4-77）。

图 4-77　板材　2016DD：17

2014DD：17，残损，表面包裹一层绿锈。长条形，两端残断。板材上有两个安装孔，板材从孔径处断裂。残长19.5、宽7、厚2.2厘米（图4-78）。

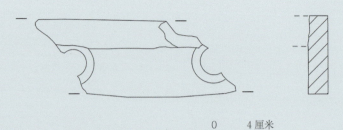

0   4厘米

图4-78 板材 2014DD：17

2016DD：05，完好，表面一层绿锈，表面扭曲。长方形，上面均匀分布三排15个圆孔。长38、宽17、厚0.7厘米，孔径1.3厘米（图4-79）。

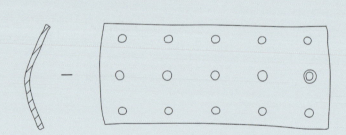

0   8厘米

图4-79 板材 2016DD：05

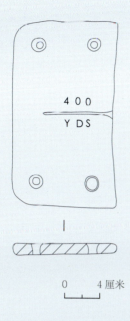

2016DD：15，残存一半。圆角长方形，板材从中间折断，边沿有4个安装孔。正面刻有两排铭文，以直线隔开，上为数字"400"，下为大写英文"YDS"。残长20.5、宽12、厚0.9厘米，孔径0.7厘米（图4-80）。

图4-80 板材 2016DD：15

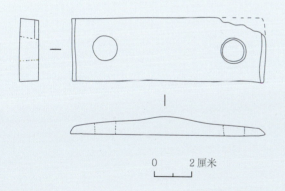

2016DD：38，残损。长条形，中间略厚，两端稍薄。两端各有一安装孔，有一孔已堵塞。残长10.3、宽3.2厘米，中部最厚处1厘米（图4-81）。

图4-81 板材 2016DD：38

（八）加固类零件

共 16 件。属于将构件锁紧、固定的螺丝、螺钉类零件。

1. 螺栓 2 件。

平头螺栓 1 件。2015DD：140，完好。头部开一字槽，螺杆前端粘附铁锈。长 3.2 厘米，螺杆径 0.8 厘米（图 4-82）。

0   1 厘米

图 4-82 螺栓 2015DD：140

圆头螺栓 1 件。2016DD：32，完好。头部开一字槽，螺牙有损。残长 3.5 厘米，螺杆径 2.0 厘米（图 4-83）。

0   2 厘米

图 4-83 螺栓 2016DD：32

2. 螺丝 14枚。

圆头自攻螺丝2枚。标本2015DD：91，完好。头部开一字槽口，螺杆半牙。固定在一段木块上。螺钉长6厘米，头部直径1.3厘米（图4-84）。

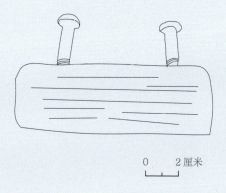

图4-84 螺丝 2015DD：91

平头自攻螺丝12枚（图4-85）。标本2015DD：92，完好，头部开一字槽口，长螺杆，螺杆半牙，长9.8厘米，头部直径1.7厘米。

图4-85 螺丝

标本 2015DD：141，完好，头部开一字槽口，螺杆较短，半牙，长 6.2 厘米，头部直径 2.1 厘米。

2015DD：142，完好，头部开一字槽口，螺杆修长，半牙，长 10 厘米，头部直径 1.4 厘米（图 4-85）。

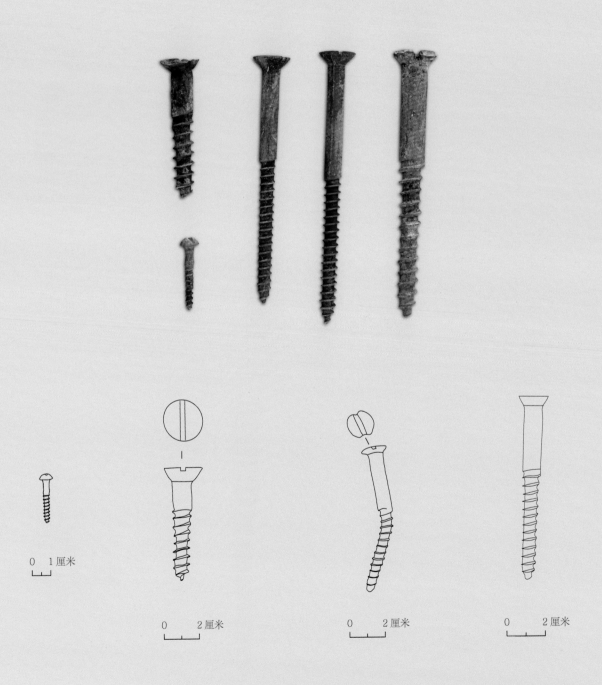

图 4-85 螺丝（续）

（九）间隔类零件

共6件。器身一般较薄，起间隔作用。

1.挡圈 1件。

2015DD：103，完好。圆形但不闭合，有开口。挡圈上有两个小孔。外径3.8厘米、厚0.2厘米（图4-86）。

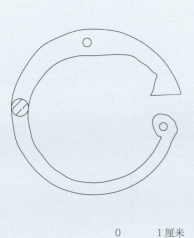

图4-86 挡圈 2015DD：103

2.垫片 1件。

2015DD：18，完好，方框形薄板，周边镂有多个小孔。边长5.9、厚0.1厘米（图4-87）。

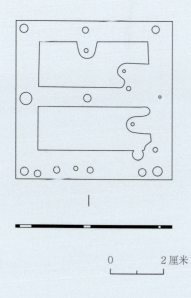

0   1厘米

0   2厘米

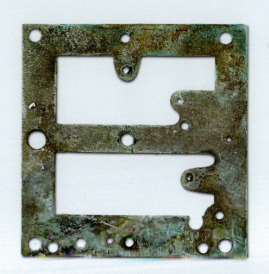

图4-87 垫片 2015DD：18

3. 内套 3件。

铜箍1件。2016DD：26，完好。黄铜质地，薄管状，壁上有两道凹槽，用于定位和固定。外径5.2、高1.8厘米（图4-88）。

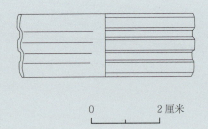

图4-88 铜箍 2016DD：26

卡口式内套1件。2014DD：04，残，有裂纹。薄管状，一端开有卡槽。径3.8、高2.9厘米，卡槽深1.5厘米，宽0.9厘米（图4-89）。

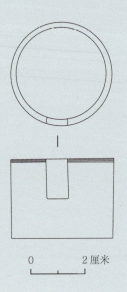

图4-89 卡口式内套 2014DD：04

铜管套头 1 件。2015DD ：102，大体完好，外壁有破裂。长管状。外口沿加有两道铜箍，箍上有滚花装饰。下端开有半旋转到位的卡槽。外径 2.6 厘米、高 2.8 厘米（图 4-90）。

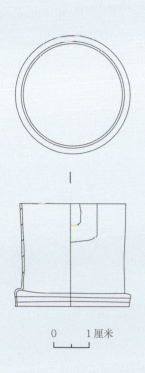

0　　　1 厘米

图 4-90　铜管套头　2015DD ：102

4. 环箍　1 件。

2014DD ：12，完好。环状，表面绿色锈层。直径 11.8、高 1.1 厘米（图 4-91）。

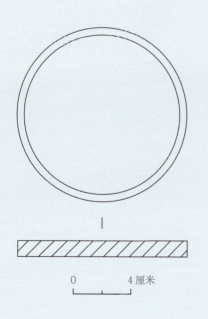

0　　　　　4 厘米

图 4-91　环箍　2014DD ：12

（十）挂钩、带扣

共 14 件。包括衣帽钩、吊钩、带扣等。多用于舱内悬挂轻质的物品。其形态，有开口的挂钩，也有封密的吊环。

1. 衣帽钩　3 件。

单头钩 1 件。2014DD：23，大体完好。底座长方形，装饰莲瓣纹，周边如荷叶状上卷。四角带突出的圆孔，为挂钩的安装孔。底座正中连接有一挂钩，通体装饰卷草纹。上端有一榫头，装饰物已脱落。底座长 9、宽 6 厘米，高 8.5 厘米（图 4-92）。

0　　　　4 厘米

图 4-92　衣帽钩　2014DD：23

双头钩2件。

标本2015DD：83，宗好。器型优雅，底座椭圆形，上有四个安装孔。挂钩与底座合铸，共计两个，一长一短，尾端装饰有蘑菇形的铜帽。长16.8、高8.9厘米（图4-93）。

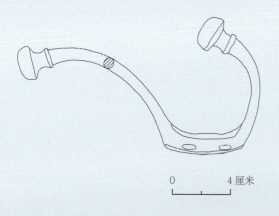

0   4厘米

图4-93 衣帽钩 2015DD：83

标本2016DD：43，残。形制同于2015DD：83，腐蚀较重，短的挂钩有砸弯，尾端的铜帽有缺失。长14.6厘米，底座长5.5、宽4.2厘米（图4-94）。

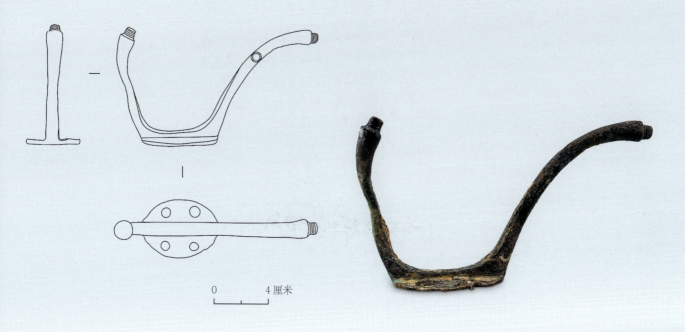

0   4厘米

图4-94 衣帽钩 2016DD：43

2. 小挂钩 2件。

器型较小，下带弯钩。标本 2015DD：93，完好。
钩子圆弧形，安装銮口内带有螺纹，外表布满绿锈。
厚0.5厘米，挂钩径2.6厘米，通高3.6厘米（图4-95）。

图4-95　小挂钩　2015DD：93

标本 2016DD：33，完好。上端圆环，下端挂钩，
以直杆相连。全长8厘米，圆环外径1.7厘米（图
4-96）。

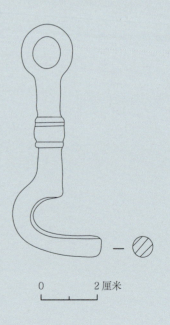

图4-96　小挂钩　2016DD：33

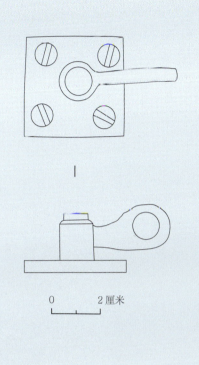

3. 悬挂式吊环 1件。

2015DD：79，完好。方形底板，正中竖一立轴，套入一环形吊环，该环能绕轴转动。底板四角留有螺丝孔，借此安装在木板上。底板方形，边长4.1厘米。吊环径1.1厘米（图4-97）。

图4-97 悬挂式吊环 2015DD：79

4. 活动式吊环 2件。

2016DD：22，完好，由底座、吊环两部分组成，二者通过轴承连接。底座中部下凹，四角设有4个安装孔。吊环可活动，不用时可收入底座里。发现时，该吊环安装在一小木板上，再通过木板上的6个螺丝钉固定在其他地方。即，先将小木板中间掏一圆洞，将吊环嵌入，用螺丝将底座固定，再通过木板的螺丝孔固定到墙上去，这样不会造成墙体损伤。底座长5.7、宽3.2厘米（图4-98）。

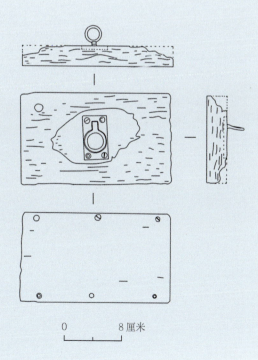

图4-98 活动式吊环 2016DD：22

2015DD：116，大体完好，表面粘有褐色铁锈。形制同 2016DD：22，尺寸较之稍大。由底座、吊环两部分组成，通过轴承连接。吊环不用时能收入底座里。底座长 11.2、宽 7.6 厘米，吊挂外径 5.1、内径 3.6 厘米（图 4-99）。

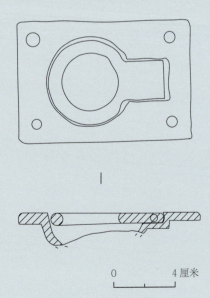

0   4 厘米

图 4-99 活动式吊环 2015DD：116

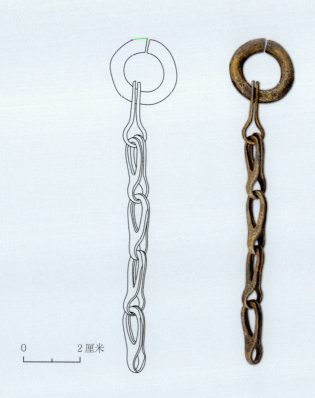

0   2厘米

5. 链式吊环　1件。

2016DD：42，残。顶端为一铜环，下联铜链，现存 5 个链条。铜质黄亮。全长 11.2 厘米，铜环直径 1.7 厘米（图 4-100）。

图 4-100　链式吊环　2016DD：42

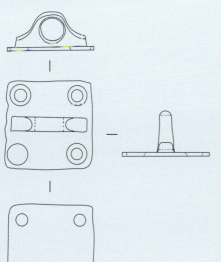

0   2厘米

6. 挂锁扣　2件。

2016DD：34，完好，长方形底座，正中立一桥形钮，再开一小圆孔形成锁扣（门鼻）。安装时，通过底座 4 个螺丝孔固定。底座长 3.8、宽 3.8 厘米，门鼻高 1.5 厘米。另一件 2015DD：005，方形底座，锁扣缺失，残留有木块。边长 5.9 厘米（图 4-101）。

图 4-101　挂锁扣　2016DD：34

7. 皮带扣　2件。

2015DD：52，完好，通体布满铜锈。日字针扣皮带头。边框宽平，中间圆杆，插针直接用小铜丝卷成。边框长 6.4、宽 4.2 厘米，厚 0.4 厘米（图 4-102）。

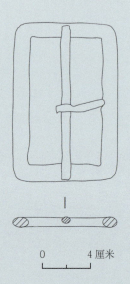

图 4-102　皮带扣　2015DD：52

2015DD：53，残，布满铜锈。半圆形扣，下端用折合的铜片相连，可活动。器物或为皮带的尾扣。残长 4.3 厘米，扣子长 4.2 厘米（图 4-103）。

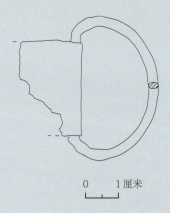

图 4-103　皮带扣　2015DD：53

8. 衣服纽扣　1件。

2015DD：151，大体完好，因使用花纹有磨蚀，外表布满绿锈。圆扣，边沿起缘。纽扣正面平，正中图案一人划船，旁边一棕榈树。背面有一环形纽。背面有铭文，模糊不可辨。直径 0.8 厘米，厚 0.1 厘米，纽高 0.5 厘米（图 4-104）。

图 4-104　衣服纽扣　2015DD：151

（十一）合页、插销

共9件。常见两折式小合页、插销，用于盒、箱一类的连接。

1. 大型合页 1件。

2016DD：16，完好。底座较小，长方形，开有5个固定孔。圭形扇页上开有6个固定孔。该合页尺寸硕大，用料精良，为大型舱门或舱盖上的合页，外表布满绿色铜锈。底座长16.4、宽8厘米，合页长41厘米，板厚0.8厘米（图4-105）。

0 　　8厘米

图4-105 大型合页 2016DD：16

2. 两折式小合页 2件。

2015DD：76，完好。长方形，安装孔位于合页四角，残存2枚螺丝钉，固定在木块上。合页尺寸小，每页长3.8、宽1.5厘米（图4-106）。

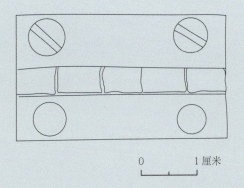

图4-106 两折式小合页 2015DD：76

2015DD：134，大体完好，因长期使用，合页边缘有磨蚀。长方形，每页有4个安装螺丝孔，孔眼错位。合页尺寸稍大，每页长10.2、宽3.6厘米（图4-107）。

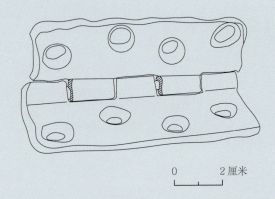

图4-107 两折式小合页 2015DD：134

3. 插销　2件。

2015DD：138，基本完好。底板顶端呈圭形，开有5个安装螺丝孔。活动杆下部受力弯折。底板长7.7、宽3.7厘米（图4-108）。

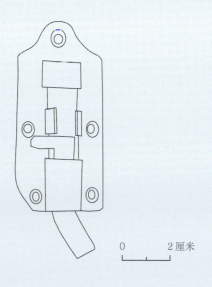

图4-108　插销　2015DD：138

2016DD：21，完好。底板顶端呈圭形，四个螺丝孔突出于边框。活动杆为倒L形，顶部装饰一伞状头。该插销安装在木板上，一并提取出水。底板10.3、宽6厘米（图4-109）。

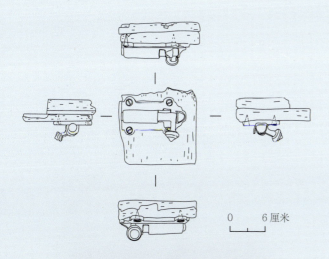

图4-109　插销　2016DD：21

4. 提梁 4件。

内嵌式提梁3件。标本2015DD：63，大体完好，沿面稍有变形。浅盒形，宽沿，倒角。提梁通过插销安装在盒里，倒放时与盒面齐平。安装孔4个，设在沿面四角位置。长9.9、宽4.8、高0.7厘米（图4-110）。

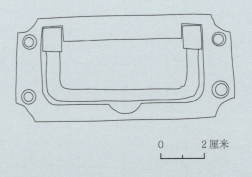

图 4-110　提梁　2015DD：63

标本2015DD：139，尺寸稍小，共2件。仅存提梁杆，原样式也为内嵌式提梁，底端钻有插销孔。长7.4、宽3.6厘米（图4-111）。

高提梁1件。2015DD：27，黄铜质地，外观变形严重，直接用铜丝弯成，高提梁样式。高43厘米，杆径0.5厘米（图4-112）。

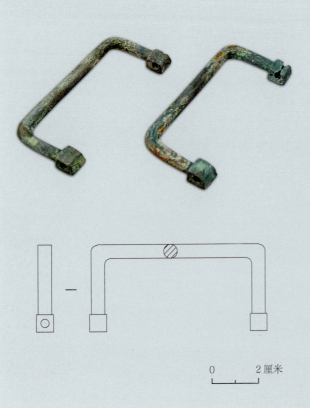

图 4-111　提梁　2015DD：139

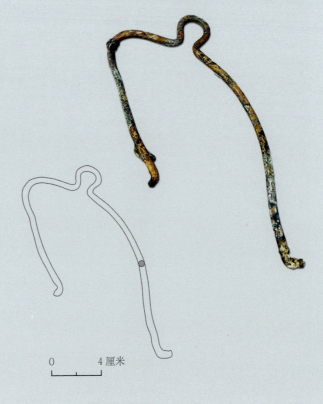

图 4-112　提梁　2015DD：27

（十二）钱币

共计69枚。其中，钱纹可识者61枚，计有乾隆通宝、嘉庆通宝、道光通宝、光绪通宝、宽永通宝及港币（图4-113）。

1. 乾隆通宝　27枚。

以标本2015DD：12为例，完好。圆形方孔钱，正面印"乾隆通寶"，背面为满文。钱径2.3厘米，厚0.1厘米。

2. 嘉庆通宝　8枚。

以标本2015DD：30为例，完好。圆形方孔钱，字迹清晰。正面印"嘉慶通寶"，背面满文。钱径2.1厘米，厚0.1厘米。

3. 道光通宝　16枚。

以标本2015DD：29为例，铜质，基本完整。圆形方孔钱，字迹清晰。正面印"道光通寶"，背面满文。钱径2.1厘米，厚0.1厘米。

4. 光绪通宝　8枚。

以标本2015DD：10为例，完好。圆形方孔钱，正面印"光緒通寶"，背面为满文。钱径2.2厘米，厚0.1厘米。

5. 宽永通宝　1枚。

标本2015DD：11，完好。日本铜钱。圆形方孔钱，正面印有"宽永通寶"，背面有一字，模糊不可辨识。钱径2.3厘米，厚0.1厘米。

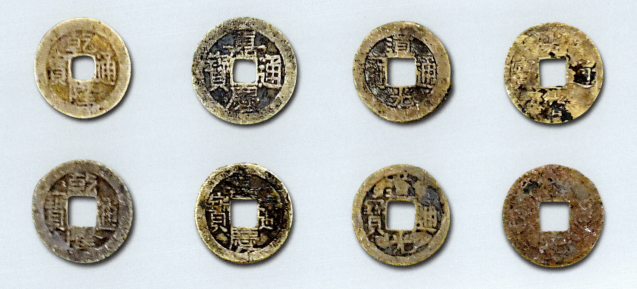

图4-113　钱币

6. 港币　1枚。

标本 2015DD ：36，大体完好，表面因使用有磨蚀。铜板样式，红铜质地。正面汉字可辨识出"香港""一"等。四周英文可辨识出"KONG""1880"等。背面纹饰不可辨。钱径 2.6 厘米，厚 0.1 厘米（图4-114）。

0　　　　　　　1厘米

图 4-114　港币　2015DD ：36

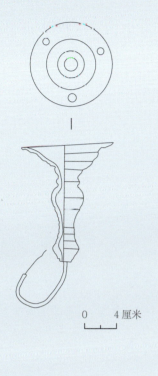

0　　4厘米

（十三）电器

共 7 件。含插头、开关、灯座、电极等。

1. 电灯座　1件。

2015DD：111，残。底座喇叭形开口，底盘开 3 个安装螺丝孔，孔眼残存 1 枚螺丝钉。灯杆直，中间与下端装饰串珠纹。灯罩缺失。灯座中空，有电线穿过，电线为铜线，外包黑色橡胶皮。黄铜材质，现表面覆满绿色铜锈。通高 13.2 厘米，底座径 11.5 厘米（图 4-115）。

图 4-115　电灯座　2015DD：111

2. 发火管 2 件。

2014DD：16，大体完好。形如螺栓，圆形头部，带扳锁工具的切口，侧面带滚花。细管状螺杆，半身螺纹。有双股铜丝穿过，为拉发式点火。长 5 厘米（不含铜丝）、径 0.8 厘米（图 4-116）。

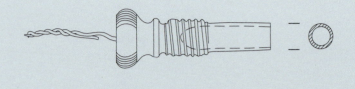

图 4-116 发火管 2014DD：16

2015DD：109，完好。圆形头部，侧边滚花，带有切口。细管状螺杆，半身螺纹。单根铜丝穿过，铜丝尾端带一圆头金属帽。杆长 5 厘米，金属帽高 1.9 厘米（图 4-117）。

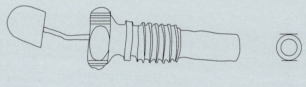

图 4-117 发火管 2015DD：109

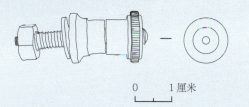

0 ————— 1 厘米

3. 固定螺栓　1件。

2015DD：96，完好。主体为带丝杆的固定螺栓，丝杆上再套入锁紧螺母、垫片、六角螺母。一般用于连接电源线。全长3.6厘米，螺母外径1.2厘米（图4-118）。

图4-118　固定螺栓　2015DD：96

4. 插头　2件。

木柄，前端带一异形铜插头（图4-119）。标本2015DD：48，基本完好，木质柄表面已腐蚀见多个孔洞。长11厘米。另一件2015DD：34，木柄残损过半。

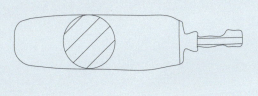

0 ————— 2 厘米

图4-119　插头

5. 开关　1件。

2015DD：78，大体完好。由铜、瓷、塑料三种材质制成。用黄铜制成盒状开关的外壳，内装为瓷质的开关，外部旋钮为塑料制成。中轴为铜芯，扳动开关旋钮可依次与瓷质开关底部上的7个触点接触。开关外径5.5厘米，高3.5厘米（图4-120）。

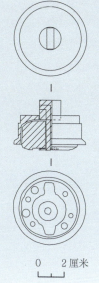

0 ————— 2 厘米

图4-120　开关　2015DD：78

（十四）其他

共 17 件。包括一些生活类的单一器物，以及不知名的
舰船构件。其中，生活类的器具多选用较薄的白铜皮制成，
或为国内所产。

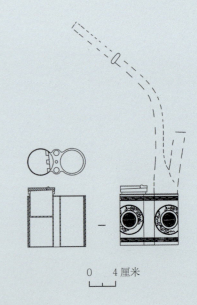

1. 水烟袋　2 件。

吕义泰白铜寿纹水烟袋 1 件，2016DD：02，残损，缺少水斗和吸管。
主体两个圆筒，筒身的上下口沿装饰有云雷纹，中腹团寿纹。烟仓内
盖上刻有"汉镇 吕义泰 刘盛"字样。器物残高 8.8 厘米，单筒直径 4.1
厘米。"吕义泰"为清末"汉口镇"专制铜水烟壶的商家，本壶所刻"汉
镇"中间省却了"口"字，"刘盛"应为制作工匠的名字（图 4-121）。

图 4-121　水烟袋　2016DD：02

烟壶底箍 1 件，2016DD：37，残。两个圆形铜箍，中间以铜皮焊在一
起。两铜箍为固定两个圆形烟壶（一烟仓、一水斗）。圆箍直径 5.2 厘
米，间隔 0.8 厘米（图 4-122）。

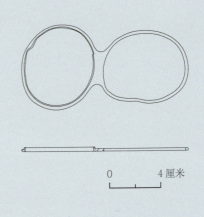

图 4-122　水烟袋　2016DD：37

2. 盒、盖　5 件。

铜盒 1 件。2015DD∶80，残。圆盒，底部缺失，口部做成宽平沿口，盒身装饰细弦纹。配有八角形器盖，平盖，盖子正中焊接宝珠为纽，盖沿开有一 U 形启口。盖子通过合页连接到盒身上。该盒子做工精细，宝珠顶做得额外高耸，铜质呈白色，局部氧化带有绿锈。盒身径 4.3、盖子边长 4.5、通高 2.4 厘米（图 4-123）。

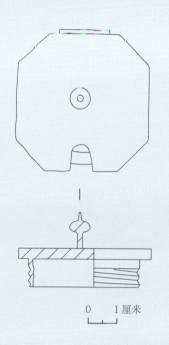

图 4-123　铜盒　2015DD∶80

外盖 1 件。标本 2015DD∶26，大体完好。用薄铜皮制成，伞状盖，外沿卷缘。顶部开有一孔，用于安装纽或系绳。器身已挤压变形。口径 22.2、高 4.5 厘米（图 4-124）。

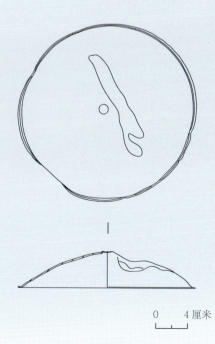

图 4-124　外盖　2015DD∶26

内盖 1 件，2015DD：35，完好。浅盒状，外带细螺纹，平底，出沿。底部直径 2.7、高 0.4 厘米（图4-125）。

图 4-125　内盖　2015DD：35

铃铛盖 2 件。2015DD：99，大体完好。覆钟形，口稍敛，顶端带乳突状纽，中空，钟体里有一管状插口（已残）。口径 1.9、高 2 厘米。2015DD：20，大体完好，器身挤压变形。半圆形器身，顶端带乳突状纽，里面有一管状插口。口径 7、高 3.5 厘米（图 4-126）。

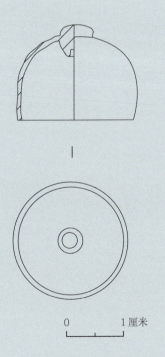

图 4-126　铃铛盖　2015DD：99

3. 脚套　3件。

脚套形制一样。以标本2015DD：19为例，完好。圆形脚套。管状套筒，口部卷缘。底部直接焊在梯形铜皮上，四角有倒圆处理。套筒用薄铜皮卷成，中缝有焊实。底座长4.5～5、通高2.2厘米，套筒口径3厘米（图4-127）。

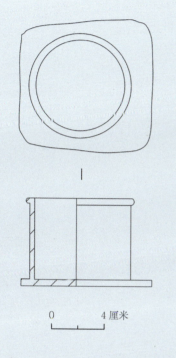

0　　4厘米

图4-127　脚套　2015DD：19

4. 铜饰件 2件。

灯架管饰1件，2014DD：28，大体完好。长管，中空，用铜皮卷成，接缝未密封。管子弯成S形，前端带螺纹，中间开有小孔（再加装其他小饰物），后端套入一圆球。推测为大型灯架上的一条装饰弯管。全长29.8厘米，管径0.8厘米（图4-128）。

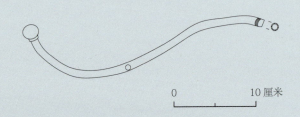

图 4-128　铜饰件 2014DD：28

镂空球1件。2015DD：95，大体完好，下缺挂环。球形，镂空，表面有划花。顶部原有一挂环，已缺失。球体外径1.2厘米（图4-129）。

图 4-129　铜饰件 2015DD：95

5. 手电筒　1件。

2015DD：149，大体完好。分盖、身、底三部分。盖子为圆弧顶，顶部开有一圆孔，直门，出沿，沿口突起，做一系绳小环（已残），盖沿连接处加有一道滚花铜箍，盖子上开有一卡槽。筒身用铜皮直接卷成，现已开缝。底盖为带螺纹的内盖，可拆卸。筒内装有一铜套（口沿变径）。所用铜皮较薄，不能承压，器身布满绿锈。筒身直径4.7、通高16.3厘米，器壁厚0.1厘米（图4-130）。

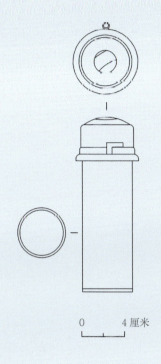

图4-130　手电筒　2015DD：149

6. 连接杆　1件。

2014DD：15，残。器身为扁平的长柄，前端U形分叉，顶端开有小孔，残留有铆钉头。长30厘米，柄宽3厘米，板厚0.4厘米（图4-131）。

图4-131　连接杆　2014DD：15

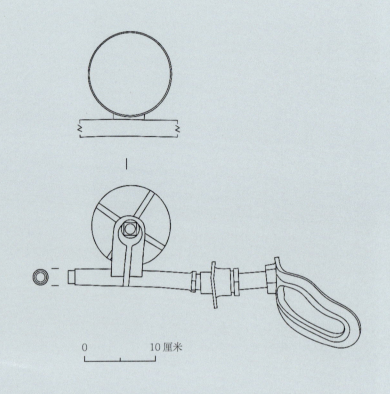

0　　　　　　10厘米

7. 铜构件　3 件。

连动类构件 2 件。具体名称不详。2014DD ：02，实心铜杆，下端带一弧形槽口（变形）。稍前套入一段套管，外嵌一铜片，铜片上钻有两个安装的螺丝孔。铜杆前端连有一浅盘。实心圆杆长 30 厘米、管径 2.1 厘米、盘径 11.2 厘米（图 4-132）。

图 4-132　铜构件　2014DD ：02

2014DD：20，发现时板结为凝结块。除锈后，可确认为两个构件。构件一与2014DD：02相同。构件二整体呈十字形，两端头带活动的转动环，另两端头做成直形槽口。两构件连接方式为将构件二的转动环卡入构件一的弧形槽口内，可在弧形槽内转动。构件一全长41厘米，构件二全长30.5厘米（图4-133）。

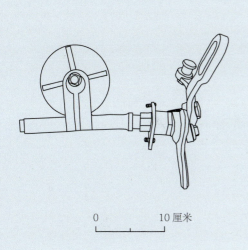

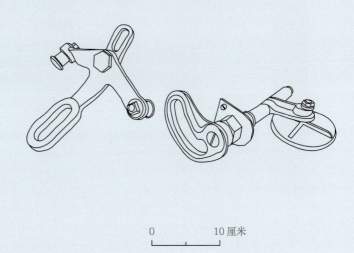

0   10厘米   0   10厘米

图4-133 铜构件 2014DD：20

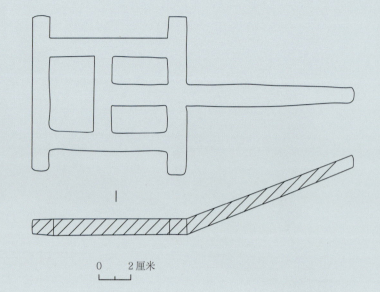

搁置架 1 件。2016DD：28，大体完好。架子外观
呈日字形，两端出沿，以便架高搁置。正中加焊一
铜条为手柄，柄微上翘，末端有收细，似乎还有木
柄可以插入。外表锈蚀成黑色。通长 19.2、宽 9.4
厘米（图 4-134）。

图 4-134　铜构件　2016DD：28

第三节　铁器

历次水下考古调查共获取铁质文物计 16 件，涉及船体构件、武器、工具等。总体数量不多，以下介绍时不另行分类。因铁质易受海水腐蚀，铁质文物保存情况相对较差，并常形成凝结块。

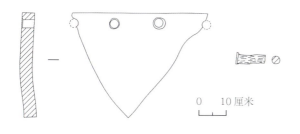

1. 板材　1 件。

2016DD：04，残损，材质较好，锈蚀较轻，外观红褐色。板材厚重，外形呈三角形，上端已到边沿。近边沿处一排开有四个圆孔，中间两个孔完好，板材正好从两侧的孔径处断裂。中间的一个孔内还保留有一枚铆钉，从铆钉痕上可以看出连接有同样厚度的另一块板材。这种厚钢板多用于铸造主炮的底座。边沿残长 50、残宽 37.5、厚 4.5 厘米。孔径 3.3 厘米。铆钉残长 10 厘米（图 4-135）。

图 4-135　板材　2016DD：04

2. 栏杆柱　1件。

2016DD：06，基本完好，表面覆有一层凝结物，外观灰白色，局部红褐色。器型呈长圆柱形，上端为带一圆孔的扁平环，中间位置也呈环状带一圆孔，底端接一梯形的钢板。此栏杆柱一般安装于主甲板的四周边沿，上端与中端的圆孔可导入钢索，形成安全绳。底部的钢板可插入卡槽中，这样栏杆可快速拆卸。柱高95、中径3.5厘米，底座大小9.6～16.9厘米（图4-136）。

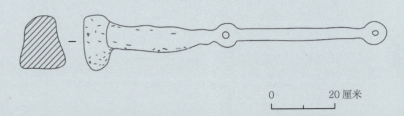

图 4-136　栏杆柱　2016DD：06

3. 舷窗边框　1件。

2014DD：11，残损，铁质边框所用板材已被海水腐蚀甚薄，外观红褐色。边框原为圆形，现残存不足四分之一。边框截面呈 L 形，边沿带有一圈铆接用的圆孔。该边框先安装于舰体外壳钢板上，再连接圆形的铜质舷窗。残存的弧长35厘米，边沿宽5厘米（图4-137）。

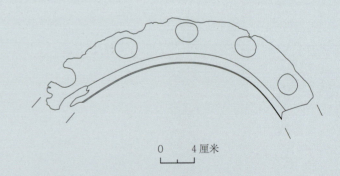

图 4-137　舷窗边框　2014DD：11

4. 传动轴　1件。

2015DD：69，一端残损，表面有锈蚀，材质保存较好，外观黑色。外观圆杆形，近底端铸有传动齿轮，底端收成四棱形。器物长 58 厘米，最小径 3.5 厘米，最大径 7 厘米（图 4-138）。

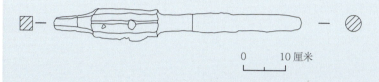

0　10 厘米

图 4-138　传动轴　2015DD：69

5. 小艇支架固定桩　1件。

2016DD：07，基本完好，器表覆有一层凝结物，外观灰白色，断口呈褐色。底座平，T 字形，上端沿垂直方向浇注一环形插口。底座上有七个铆钉孔，通过铆钉与舷侧钢板接连。底座铆钉孔排列沿着上端横杆一排 4 个孔，下端错位竖列 3 个孔。该构件为军舰上搭载的小艇支架固定桩，2 个一组，安装于舰体侧面外壳钢板上，环形口可插入固定杆，两个固定杆可将小艇挑起。底座长 44、宽 40.5 厘米，固定桩高 36 厘米，环形插口内径 11.5、外径 19.5 厘米（图 4-139）。

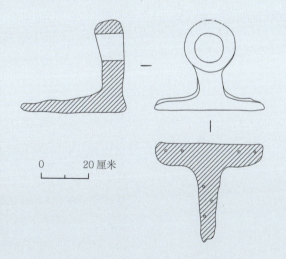

0　20 厘米

图 4-139　小艇支架固定桩　2016DD：07

6. 滑轮 2件。

2016DD：40，残损，锈蚀严重，器表覆有凝结物，外观红褐色、黑色。总体外形呈方形，以铁铸造滑轮的边框，接一吊环，上接一挂钩，中间再嵌入两个木质滑轮。整体有做除锈处理，形状大体尚存，边框铁片锈蚀变薄，滑轮有开裂残缺。下端吊环已缺损，仅存断口；上端挂钩锈蚀成一团凝结物；中间滑轮与边框板结在一起，无法滚动。全长40厘米，其中挂钩长12.7厘米。滑轮边框长30.5、宽20厘米。边框所用铁板厚7厘米。木滑轮外径14厘米（图4-140）。

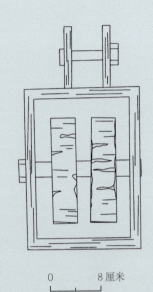

图4-140 滑轮 2016DD：40

2015DD：123，锈蚀严重，器表覆有一层凝结物，铁质呈红褐色、凝结物呈灰黑色。滑轮组带一吊钩，滑轮以铁铸造边框，内部嵌入两个木质滑轮，木滑轮因长期使用磨蚀光滑。滑轮下端锈蚀成一团凝结物，内藏吊钩。全长42厘米，其中吊钩长20厘米。滑轮边框长22、宽20厘米。边框铁板厚4厘米，木滑轮外径11.5厘米（图4-141）。

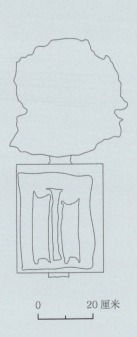

图4-141 滑轮 2015DD：123

7.螺丝刀 1件。

2015DD：61，基本完好，锈蚀较轻，外观红褐色。属于工具中的一字型螺丝刀，器物呈T字形，以横杆为握把，杆头一端砸扁为铲形。中部连以竖杆，下端受力弯曲，端头做成一字口。螺丝刀身长14.2厘米，柄长11.6厘米，杆径1厘米（图4-142）。

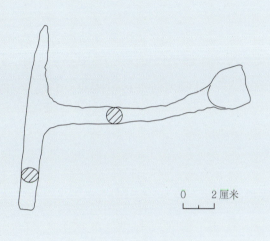

图 4-142　螺丝刀　2015DD：61

8.六角螺帽 1件。

2016DD：31，基本完好，局部带有凝结块，外观灰黑色。六角形螺帽，中部圆孔，内带螺纹。螺帽外宽8.5、高2.0、内径5厘米（图4-143）。

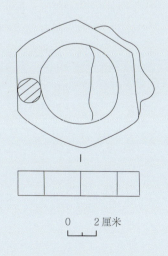

图 4-143　六角螺帽　2016DD：31

9. 环形铁块 1件。

2016DD：11，残损，表面有锈蚀，外观黑褐色。用一根铁条制成，顶端弯成环状，再砸拢在一起，下端残断。残长18.5厘米，圆环内径3.5厘米，铁条径2厘米（图4-144）。

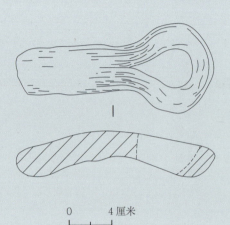

0   4厘米

图4-144 环形铁块 2016DD：11

10. 铁钩 1件。

2016DD：20，锈蚀严重，外观灰白色、红褐色不等。整体凝结成一团，下端连有一挂钩，上端一侧连有一把手，原物把手似可以旋转，现已板结，中间无法确认是否还保留有滑轮。器物长28厘米，宽8厘米，高8.5厘米（图4-145）。

0   6厘米

图4-145 铁钩 2016DD：20

11. 主炮管残片　1件。

2014DD：26，残损，锈蚀较轻，出水时表面覆有一层凝结物，处理后表面呈褐色。器物为210亳米口径克虏伯主炮的炮管残片，胎体厚重。炮管壁厚5.3厘米，外壁光滑，内壁铸有膛线，膛线间宽1.3厘米。炮管残长63、残宽33.5厘米（图4-146）。

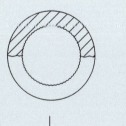

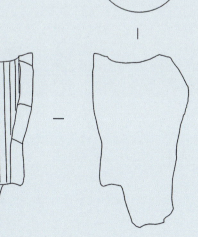

0 　20厘米

图4-146　主炮管残片　2014DD：26

12. 6 英寸炮弹头　1 件。

2015DD：120，基本完好，外观黑色。实心，弹头圆锥形，头部光滑，弹体圆柱状，该部分腐蚀较重，铁质剥落，无法确认是否加有弹带。底部平坦，正中开有一圆口，已用铜螺丝封堵，发射时再填充火药（防潮原因），依靠发射时的撞击形成爆炸效果，也有时只为了配重而填充一些沙子。刚出水时弹体表面附着有厚厚一层黑色、红褐色凝结物。该炮弹为舷侧 6 英寸（合 152 毫米）口径的阿姆斯特朗火炮的炮弹头，为钢弹样式。高 47、径 15.2 厘米（图 4-147）。

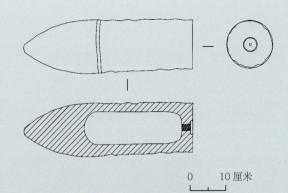

图 4-147　英寸炮弹头　2015DD：120

13. 弹片　1 件。

2015DD：55，残损，表面锈蚀较轻，覆有一层很薄的铁锈。弹片稍成三角形，周边棱角尖锐。弹片外表光滑，内部可见铸就的空腔。该空腔可用于装填火药，故推测为大口径主炮所用的开花弹的弹片，疑似来自敌方的炮弹。弹片长 16、宽 10 厘米，弹片壁厚 1.2～2.2 厘米不等（图 4-148）。

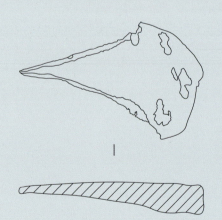

图 4-148　弹片　2015DD：55

14. 57 毫米哈乞开斯钢弹头 1件。

2015DD：67，铁质有锈蚀，铁锈呈片状剥落，尖端已残损，外观褐色。弹体基本形态尚存，整体呈圆锥体，弹体修长，近尾端弹体上铸有四道防滑的凹槽，底部往内凹入。本弹头为 57 毫米哈乞开斯炮的弹头，为穿甲的钢弹样式。弹头可装入药筒中，完整者可参见标本 2014DD：25。弹头底径 4.5、残长 18.5 厘米（图 4-149）。

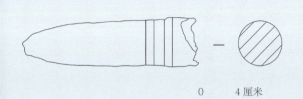

0   4 厘米

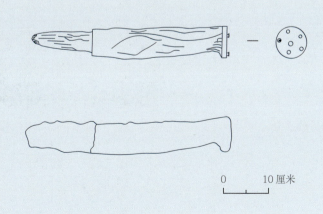

0   10 厘米

图 4-149 57 毫米哈乞开斯钢弹头 2015DD：67

15. 开花弹弹头　1件。

2015DD：146，残损，铁质锈蚀严重，外观黑色。形状呈圆锥体，锥体内口沿处带有螺纹。中空，内藏有铜质引信。因锈蚀原物具体口径不详，推测为小口径的定装弹（不属于药包与弹头分离式的主炮弹头）。弹体残高 7.5、口径大小现存 3.1 厘米（图4-150）。

0 　　 2 厘米

图 4-150　开花弹弹头　2015DD：146

16. 铆钉　16枚。

圆头14枚，平头1枚，六角头1枚（图4-151）。
六角头铆钉，标本2015DD：143，残。头部六角边，
有用于圆形舷窗的安装。残长2.2厘米，头部直径
2.3、杆径1.2厘米。

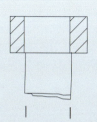

0　　1厘米

圆头铆钉，标本2016DD：12，残，圆头，器身包
裹一层铁锈。残长3.3厘米，头部直径3.5、杆径2.2
厘米。

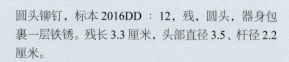

0　　2厘米

图4-151　铆钉

第四节　瓷器

　　考古调查获得出水瓷器计 28 件，因材质易碎的原因，多为残件。从釉色上讲，有白瓷、青花瓷、酱釉瓷、粉彩瓷等。其用途包括餐盘、船用洗漱用具、地板瓷砖、文化用品等。既有随舰而来产自欧洲的瓷器，也有中国本土产的瓷器。为便于分辨，特将欧洲瓷分开介绍。

（一）青花瓷

　　共 6 件，器型有盖、碗、碟、小杯、盒、罐。

1. 盖　1 件。

2014DD ：27，外形基本完好，口沿有崩口，内壁见一道冲线。子母口，直沿，弧形顶。器表用青花装饰，用十字花构成菱形锦纹，内填五彩十字花卉，五彩为地纹。内壁荡白釉，口沿处去釉。外径 12.5、高 4 厘米（图 4-152）。

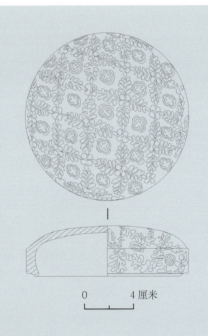

0　　4 厘米

图 4-152　青花瓷盖　2014DD：27

2. 碗　2件。

2015DD：28，口沿残片。敞口、圆唇、内底带涩圈。外口沿处饰青花折枝花卉，青花呈色浅灰，胎质灰白，多为清末闽南一带窑厂产品。瓷片长10.5、宽4.5厘米（图4-153）。

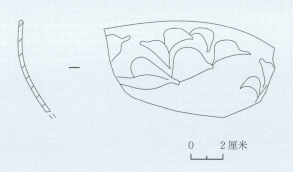

0　2厘米

图4-153　青花瓷碗　2015DD：28

2015DD：74，残损多半。敞口、圆唇、弧腹较深、圈足。器壁较薄，圈足显高。外腹部绘画人物，以竹林隔开，题材类似"竹林七贤"，残存一高士、一童子形象。青花呈天蓝色，胎质白，足根去釉。口径11.7、底径6.3、高6.5厘米（图4-154）。

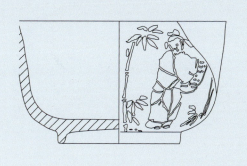

0　2厘米

图4-154　青花瓷碗　2015DD：74

3. 碟 1件。

2015DD：45，残损一半。敞口、圆唇、浅腹，圈足较矮而阔。内、外均饰有青花，碟内绘灵芝纹、火焰纹，内腹壁处绘花卉纹，外壁绘四朵折枝花，纹饰写意。底足露胎。青花呈色灰黑，足根去釉，烧制时碟外底上有开裂现象，胎质灰白，多见于清末闽南一带窑厂产品。口径15、底径9.5、高2.9厘米（图4-155）。

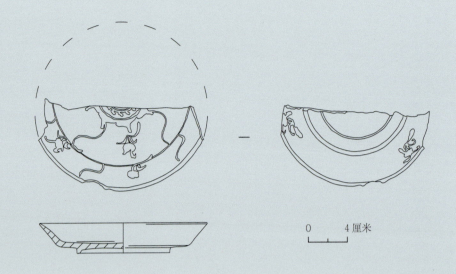

0   4厘米

图4-155　青花瓷碟　2015DD：45

0 1厘米

4. 小杯 1件。

2015DD：88，残损一半，有修复补全。口沿外撇，尖唇，弧腹较深，圈足浅小。外壁用青花题写诗句"萧萧坐爱千林间西风起卧思郊友"，在口沿、圈足底部也点缀有一至二道青花色圈。青花发色纯正，器壁较薄，足根去釉，胎体洁白，玻璃质感强。口径6.4、高4.8厘米（图4-156）。

图4-156 青花瓷小杯 2015DD：88

5. 印泥盒 1件。

2015DD：114，残，缺盖，仅存盒子。盒身大部分可拼对。外观长方形，子母口，直壁，圈足底。四面盒身绘有青花纹饰，中部为花卉，两侧绕以卷草纹，卷草以双线勾勒。盒内残留有红色印泥痕。青花呈色浅蓝，口沿与足根处去釉，胎体灰白。长10.1、宽7.3、高2.7厘米（图4-157）。

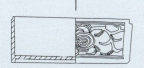

0 2厘米

图4-157 青花瓷印泥盒 2015DD：114

6. 罐　1件。

2015DD：135，残，仅存罐底。圈足底，底部微内凹。外施青灰釉，底部有青花绘的花押，图案模糊。烧制粗糙，削足痕明显，器形厚重，器表有多处缩釉孔洞，胎体灰。底径12.8、残高1.2厘米（图4-158）。

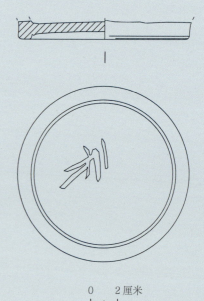

0　2厘米

图4-158　青花瓷罐　2015DD：135

（二）酱釉瓷

共2件，器型有钵、杯。

1.钵 1件。

2015DD：01，口沿残片。敛口，平沿。器表堆塑花纹，具体纹饰不详。外腹施酱釉，内壁施青釉，釉层厚。胎体黄，器壁较厚。残长7.5、残宽5.5、壁厚0.7厘米（图4-159）。

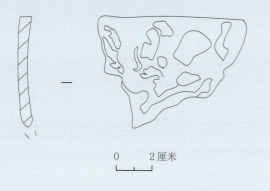

0   2厘米

图4-159 酱釉瓷钵 2015DD：01

2.小杯 1件。

2015DD：64，残损多半。敞口，圆唇、圆弧腹、圈足底，足墙较高且陡直。外施洒金釉，内施白釉。足根去釉，胎质细白。口径6.5、底径2.8、高4.9厘米（图4-160）。

0   2厘米

图4-160 酱釉瓷小杯 2015DD：64

（三）五彩瓷

发现 1 件碗。

碗

2015DD：82，残损一半。敞口、圆唇、圆弧腹、圈足底。碗腹壁饰五彩折枝花卉纹，线描后填彩，花蕊红彩、枝干氧化为褐色。因长期泡水，五彩多有脱落，仅存印痕。胎质细白，足根去釉。口径 10.6、底弃 3.7、高 5 厘米（图 4-161）。

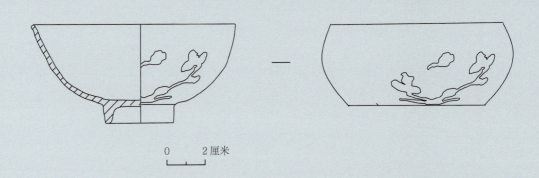

0   2厘米

图 4-161　五彩瓷碗　2015DD：82

（四）白瓷

共计2件，器型有鼻烟壶、杯。

1. 鼻烟壶 1件。

2015DD：06，口沿残缺。细直颈、鼓肩、扁平腹。腹近底内收，假圈足，平底。器壁极薄，胎体洁白，器表局部被沁成铁锈色。肩宽2厘米、厚1厘米，残高3.4厘米（图4-162）。

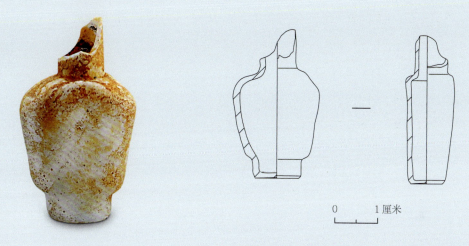

0　　　1厘米

图4-162　白瓷鼻烟壶　2015DD：06

2. 小杯 1件。

2015DD：73，残损一半。口沿微外撇，尖唇，弧腹较深，圈足较浅，器壁从沿至底逐渐增厚，器表光洁，通体施白釉，仅足根去釉，胎体洁白。口径4.8、底径2.1、高4.6厘米（图4-163）。

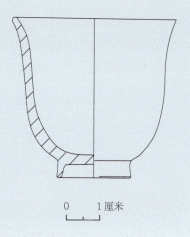

0　　　1厘米

图4-163　白瓷小杯　2015DD：73

（五）欧洲瓷

共计 16 件，器型有盘、碟、盆、地砖等。

1. 盘　3 件。

2015DD：90，残损，可拼对大部分的器物。浅盘形制，敞口，圆唇，宽平沿，浅弧腹，圈足较大且矮，胎体与釉面洁白光亮。胎体较薄，出土时器表粘附有藤壶。盘面有暗花，由英文字母及花纹组成。盘心图案为篆书"致远"二字，外圈为字母，上半圈为"CHIH YüAN"（致远威妥玛拼音），下半圈为英文"THE IMPERIAL CHINESE NAVY"，共同组合成一个圆形的徽标。口沿处一圈锦纹。原盘纹饰有描金，现因海水侵蚀仅留下纹饰印痕。盘底印有一枚小商标：由皇冠与圆形图案构成，图案中间为新月及数字"51"，周边环绕四个"W"，商标下面印有大写字母"Y"。该商标左侧被一戳印盖掉一部分。该商标为英国皇家伍斯特（Royal Worcester）瓷厂持有，以生产骨瓷（bone china）闻名于世。其中，"51"代表瓷厂成立的 1751 年，"Y"为 1887 年生产的标识。盘口径 20.5、底径 11.5、高 1.5 厘米，厚 0.3 厘米。商标大小 1.5 厘米（图 4-164）。

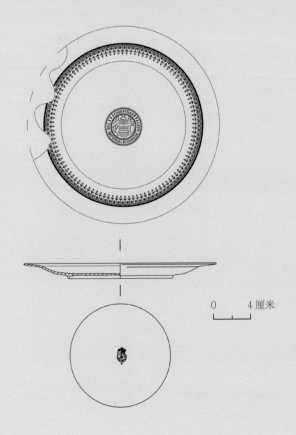

0　　　　　　　　　1 厘米

0　　4 厘米

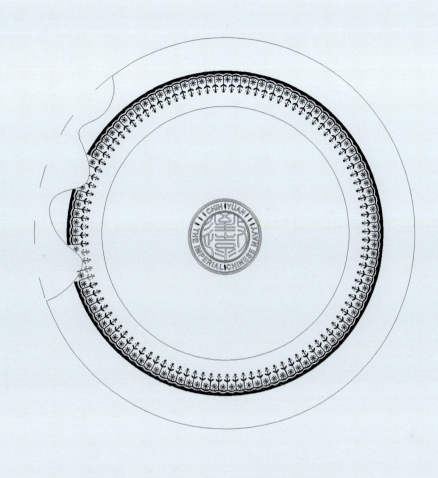

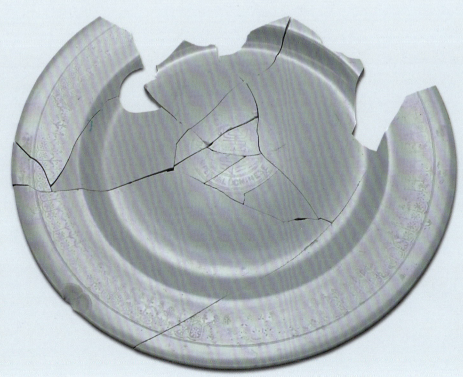

图4-164 欧洲瓷盘 2015DD：90

2015DD：127，盘心碎片。瓷片为不规则的四边形，胎体较厚，胎釉洁白。发现时瓷片与铁质凝结物粘接在一起，除锈后盘心正面呈现致远的圆形舰徽，图案完全同于2015DD：90。在盘底部印有与之不同的商标：上部为皇冠图案，下部为绶带，中间嵌入英文"A. BROS"。该商标左侧还有疑似戳印的三个小浅坑。该商标为英国马森（Mason）瓷厂持有，历史上以生产铁石瓷（ironstone china）闻名。碎片长7、宽5.5厘米，厚0.6厘米。底部商标稍大，宽2.9、高1.7厘米（图4-165）。

图 4-165　欧洲瓷盘　2015DD：127

2015DD：122，盘心碎片。瓷片呈三角形，胎釉洁白。底纹不清。正面残存半个"致"字篆书，按2015DD：90盘心图案，推测为另一件带有致远圆形舰徽的盘子碎片。碎片长4、宽2.1，厚0.6厘米（图4-166）。

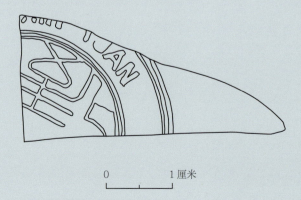

图 4-166　欧洲瓷盘　2015DD：122

2.托盘 1件。

2015DD：112，残损。口沿外撇，尖唇，浅弧腹，盘心下凹，圈足，足底下弧。盘心图案纹饰和 2015DD：90 相同，为圆形舰徽，图案让人意外的是有重印现象。盘底印有商标，同于2015DD：127，唯不见戳印浅坑，整体印痕有点模糊，皇冠及"A. BRO"等图案依稀可辨。该盘形制偏小，器壁较薄，托盘应和热饮杯子配套使用。口径 13.1、底径 9.5、高 1.8 厘米（图 4-167）。

图 4-167 欧洲瓷托盘 2015DD：112

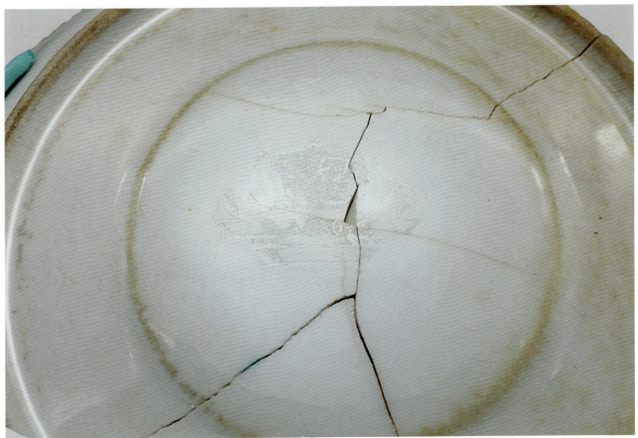

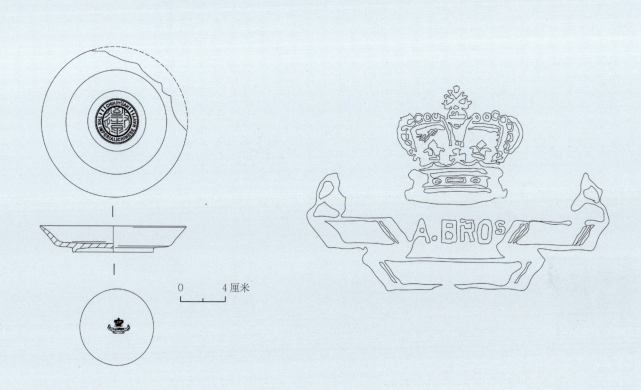

图4-167 欧洲瓷托盘 2015DD：112（续）

3. 盆 5件。

均为船用洗漱瓷盆，白瓷，胎体厚重，器壁较厚，釉面光洁，硬质瓷。

2014DD：01，残损。曲形盆面，周边带边廓。盆中间有下水孔，底部平。盆面光滑，釉层带有开片。残长16、残宽11厘米、厚3厘米（图4-168）。

图 4-168　欧洲瓷盆　2014DD：01

2014DD：05，残损。盆口沿碎片，直沿，底微上弧，釉面有开片。残长5、残宽4厘米、高3厘米（图4-169）。

2014DD：06，残损。由铜质下漏与瓷盆组成。下漏上大下小，顶部出沿，底部带六角形螺母，中间嵌入瓷盆。盆体仅存很少一部分，并与下漏联结在一起，弧形盆壁。残长约10厘米，残高5厘米，下漏孔径2.6厘米（图4-170）。

图 4-169　欧洲瓷盆　2014DD：05

图 4-170　欧洲瓷盆　2014DD：06

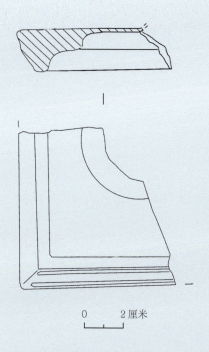

0 2厘米

2014DD：19，残损。外观为方形，直沿，盆面平，中间有圆形下水孔。器壁厚，釉层光亮，带有开片。残长7.2、高2.1厘米（图4-171）。

图4-171 欧洲瓷盆 2014DD：19

2015DD：37，残损。从残片看，盆沿周边起棱，釉色米黄，开片密集细小。盆面平滑，表面有三个圆形下水孔，大体呈品字形排列。残长17、残宽13、高3厘米。上部的两个下水孔直径分别为5.1、7.2厘米。下部的排水孔残损过多，尺寸不详（图4-172）。

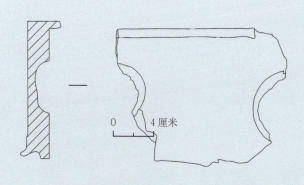

0 4厘米

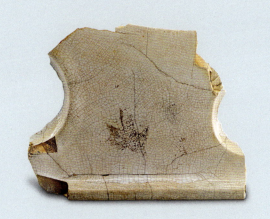

图4-172 欧洲瓷盆 2015DD：37

4. 瓷砖 6块。

外观有八边形、方形两种，用于铺设易潮湿的地面。使用时，方形小瓷砖嵌于八角形瓷砖的四隅方。

八边形条纹砖3块，外观呈八边形，表面光洁，施有黄釉。背面有凸起的条纹，有1块砖背面印有字母，2块砖背面无此印纹。边长10.7、厚1.2厘米（图4-173）。

2015DD：113，完好，背面有三排大写的英文字母"MAW&Co"（公司简称）、"BROSELEY"（布罗斯利）、"SALOP"（萨洛普）。

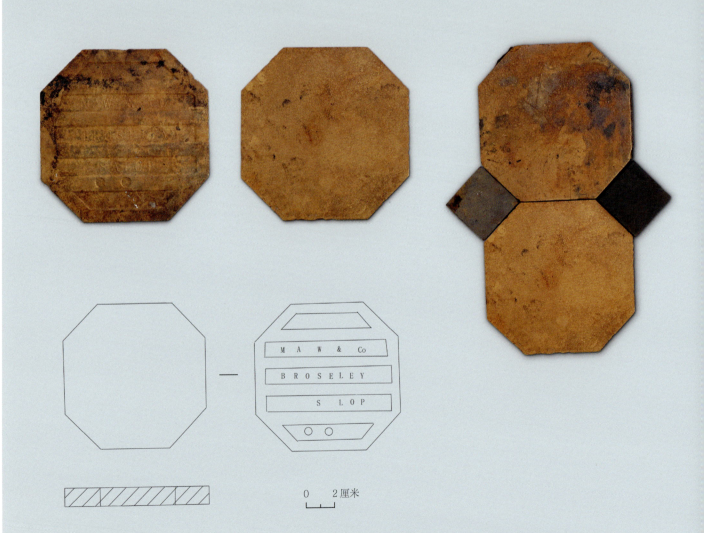

0   2厘米

图4-173 欧洲瓷瓷砖

2015DD ：154，背面粘附有铺地时打底的砂浆。

2016DD ：44，裂成三块，背部英文字母。

八边形方格纹砖 1 块。2016DD ：41，完好。外观
八边形，表面光洁，施有黄釉。背面有凸起的方格纹，
印有一排英文字母"MAW&Co"。表面附有藤壶与
盘管虫的残躯。边长 10.7、厚 1.3 厘米，底纹深 0.1
厘米。

0   2厘米

图 4-173　欧洲瓷瓷砖（续）

方形条纹砖 2 块，外观正方形，表面光洁，外施黑釉，背面有凸起的条纹。2015DD：23，完好。边长 3.8、厚 1.2 厘米（图 4-174）。

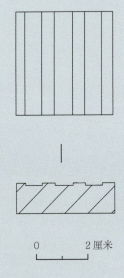

图 4-174　欧洲瓷瓷砖　2015DD：23

5. 罐片　1 块。

2014DD：07，残损。为罐的腹片，器表贴塑一动物下肢图案，带 7 枚脚趾。下肢上残存有大写的英文字母"E"，其余字母残失。胎质灰白色，内外施有青灰釉，贴花施白釉，字母描黑。瓷片残长 6、残高 5.6 厘米，厚 1.2 厘米（图 4-175）。

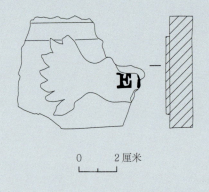

图 4-175　欧洲瓷罐片　2014DD：07

第五节　木器

木质器物共计 23 件，既有生活用具，又有船具。种类包括滑轮、盖、毛刷、木梳、底座、木盆、栅格板、算珠等。

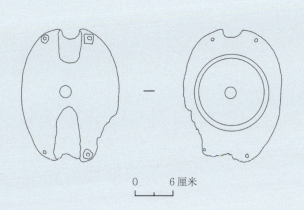

0　　6厘米

1. 滑轮　3 件。

2015DD：46，大体完好，边沿稍有残损，外观棕红色。外形呈椭圆形，中间钻有一个圆孔。滑轮一侧平，留有因使用磨损的圆形印痕；另一侧面的上下两端各开有一个系绳索用的凹槽，凹槽两边还有卡位（绳索）用的小钉孔，此侧面的边缘削磨圆滑。长20.4、宽15.5、厚2.4厘米，中部孔径1.7厘米（图4-176）。

图4-176　滑轮　2015DD：46

2015DD：38，残，外观棕黑色。铜木结构，滑轮为圆形，边沿有残损，中间嵌入一个铜质的轴承。轴承环状，外围等距铸有三个圆形的凸棱，每个凸棱开有固定用的小钉孔（推测用螺丝钉）。滑轮边缘内凹，以便缠绕绳索。外径9.1、厚2厘米，轴承孔径1.6厘米（图4-177）。

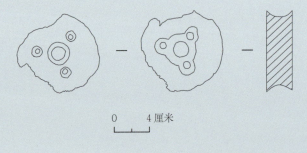

图4-177 滑轮 2015DD：38

2015DD：22，基本完好，外观棕色。由外框、滑轮组成，均为木制。外框选一块长方体的木料，上下端倒角处理，再沿侧面从中间掏空，最后嵌入1个小滑轮，用木榫头穿过边框固定。外框近底部还钻有一孔，用于穿绳悬挂。滑轮框长10、宽6、厚2.8厘米。滑轮外径4厘米，中间榫头径0.6厘米（图4-178）。

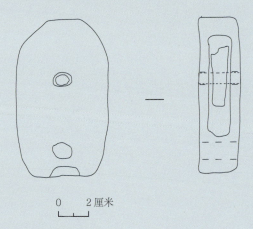

图4-178 滑轮 2015DD：22

2. 堵头　2件。

2015DD：24，完好。圆柱形木塞，前端有倒角处理，用于堵塞船甲板上的铆钉孔。底径2、顶径1.5、高2.5厘米（图4-179）。

遗址中另发现1件有残损的木堵头，直径3厘米，残高1厘米。

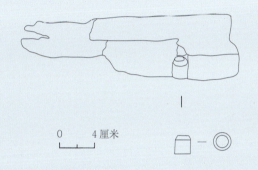

0　4厘米

图4-179　堵头　2015DD：24

3. 栅格板　1件。

2016DD：19，残损。用木条纵横连接而成，纵木条等距开有卯门，嵌入横木条后，再用铜钉钉合连接处，形成镂空的木栅格。该栅格板用于救生小艇上，铺于小艇底部，便于舱底隔水。残长47.5、宽38厘米（图4-180）。

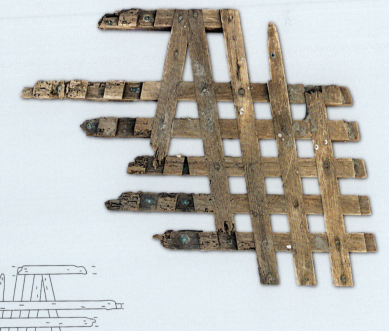

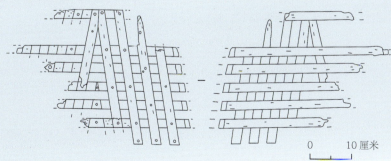

0　10厘米

图4-180　栅格板　2016DD：19

4. 轱辘 1件。

2016DD：30，边沿有残损。外观似滑轮，圆形，其结构为两端定位、侧面绕绳。两端，一端稍大，正中带一方形的榫眼；另一端稍小，周边突起形成边棱，中间有二圈磨损的印痕。轱辘侧面下凹成槽，以便绕绳。大端头径12.6、小端头径10.7，通高5厘米（图4-181）。

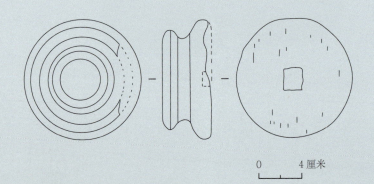

0   4厘米

图4-181 轱辘 2016DD：30

5. **盖**　2件。

2014DD：22，残损一半。盖面圆形，纹理为榆木。木盖正面边沿环有一圈凸棱。底部稍平，用两根木条钉合。现残损一根木条，带有3枚铜螺丝钉。盖径47.6、厚2厘米（图4-182）。

图4-182　盖　2014DD：22

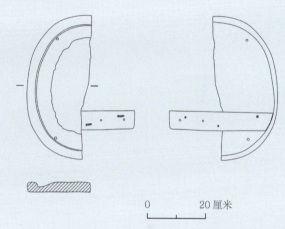

0　　　　　　20厘米

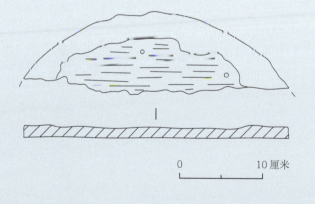

0　　　　　10厘米

2015DD：04，残损，木质已腐蚀成薄板。圆形，边沿包有铜皮。残长32、残宽9、厚1.5厘米（图4-183）。

图4-183　盖　2015DD：04

6. 毛刷 2件。

2015DD：65，木质部分完好，鬃毛无存。外观椭圆形，板面布满眼孔，眼孔未钻透，另一面光滑。长18.6、宽7、厚2厘米（图4-184）。

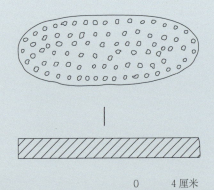

图4-184 毛刷 2015DD：65

2015DD：153，残损。残留有小块木板与鬃毛，木板上等距钻孔，嵌入鬃毛。留有无毛的一端为手柄，木刷上有一层黑漆，漆皮多已脱落。板面残长4.3、残宽5.3、厚1.1厘米。鬃毛出露长1.3厘米（图4-185）。

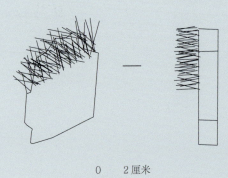

图4-185 毛刷 2015DD：153

7. 盆　1件。

2015DD：144，残，仅存一块木片。梯形，里侧光滑，外侧带棱边，表面上有一层黑漆。木盆即由多个这样的梯形木片箍成。木片高9.8、宽4.3、厚1.6厘米（图4-186）。

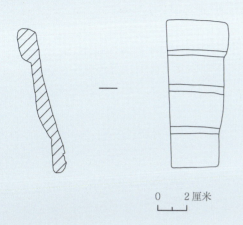

图4-186　盆　2015DD：144

8. 底座　1件。

2015DD：77，边沿有残损。圆形木板，中间开有一小圆孔，孔眼边起牙线，正面带突起的边廓，底部凿有三孔可以装入支脚。外表髹有黑漆，推测为盛放花瓶一类的底座。径12、厚1.3厘米（图4-187）。

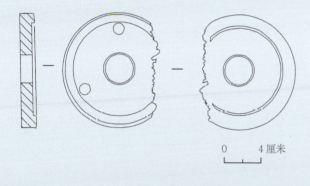

图4-187　底座　2015DD：77

9. 砚台盒　1件。

2015DD：81，盖缺失，仅存盒底，保存基本完好，带一道裂缝。外观近似圆角长方形，一端稍大。木盒从中部挖空，形成子母口。底部带四枚支钉。该木盒做工精致，从器形推测为装砚台的盒子。长14.8、宽10～11厘米、高1.3厘米（图4-188）。

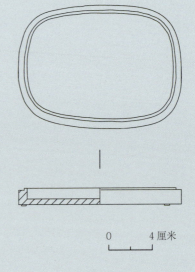

图4-188　砚台盒　2015DD：81

10. 算珠　2 枚。

2015DD：75，完好。扁圆形，中有圆孔，黑色。径 2.1、高 1.1 厘米（图 4-189）。

图 4-189　算珠　2015DD：75

11. 梳子　1 件。

2015DD：08，残。弧背，梳齿大多尚在，齿尖而细长。残长 7.3、宽 5 厘米、厚 1.2 厘米（图 4-190）。

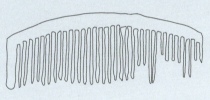

图 4-190　梳子　2015DD：08

12. 手柄　1 件。

2016DD：25，完好，铜木结构。握把木制，黑色，其尾端磨圆，前端有收细。顶部插入一铜质接头。器物长 8.6 厘米，内径 0.7 厘米，外径 1.4 厘米（图 4-191）。

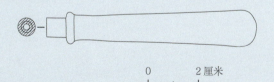

图 4-191　手柄　2016DD：25

13. 木构件　1件。

具体名称不详。2014DD：24，大体完好。外观似盾牌，圆首，直身，平底。正面较平。背面有连接其他构件：底部用螺丝钉固定住一小段木条，往正面顶出一个铜螺栓；中部残留有铜质镶嵌物的痕迹；上部钻有两个孔眼，孔径达 1.5 厘米。器物通高 46、宽约 24.3 厘米（图 4-192）。

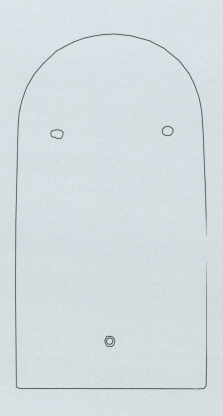

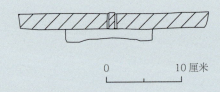

0　　　　　10 厘米

图 4-192　木构件　2014DD：24

14. 家具构件 4 件。

发现少量家具构件，样式应为桌椅类家具的腿部连
杆、花窗格的棂条等。木条的侧面或端头开有卯口
或榫头，材质为白木。全长 10～16 厘米、边宽 2～3
厘米不等（图 4-193）。

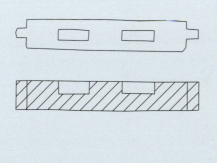

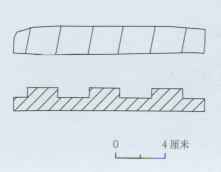

0   4 厘米

图 4-193 家具构件

第六节 其他

除了上述材质的器物外，遗址中还发现一些银、铅、石、骨、玻璃、橡胶、皮革等材质的遗物，总计 22 件，数量不多，在此统一进行介绍。

（一）银器

共 6 件，类型有银锭、汤匙。

1. 银锭 5 件。

圆形锭，为五两的形制，完好者计 3 件，碎银 2 件（图 4-194）。标本 2015DD ：125，完好，锭面较平，丝纹不明显。底部有蜂窝状孔眼，分两块印有字，惜模糊不识，另戳印有"雪花"纹。银质灰白色，局部粘附有黑色附着物。直径 4、高 2.5 厘米。

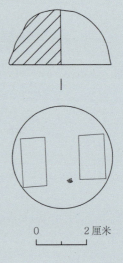

图 4-194　银锭

2. 汤匙 1件。

2015DD ：106，基本完好，前端因磕碰有点卷曲。椭圆形勺体，细长柄。勺柄后端印有圆形舰徽，图案有磨损。另一侧凿有一排5个戳印。第一个图案模糊；其后为三个英文字母"R""B""S"；最后为纵向戳印的"A1"，代表镀银器。该汤匙与致远瓷盘配套使用。通长22.5厘米，勺子宽4.8厘米（图4-195）。

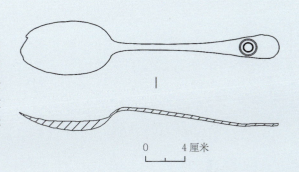

0   4 厘米

图4-195 汤匙 2015DD：106

（二）铅质文物

共4件，类型有下水管、弹丸。

1. 下水管　1件。

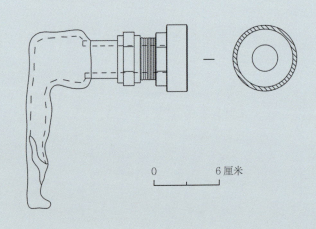

2014DD：10，残损。由接头与管件组成。接头为铜质，为一变径接头，上端口径较大，达6.1厘米，带有内牙；下端口径变小，为3.4厘米（外径），并旋入一锁紧用的六角螺母。圆形管件为铅质，与铜接头的尾端粘合在一起（热融），并形成膨大的接合处，圆管后端因受外力弯曲、变形、破损。通长15厘米，铜质接头长为9.4厘米。铅管外径5.3、管壁厚0.5厘米（图4-196）。

图4-196　下水管　2014DD：10

2. 弹丸　3枚。

完好。外观为球形，实心，弹丸中间残留有范缝，表明为合范铸造（图4-197）。该弹丸在37、47、57毫米哈乞开斯炮霰弹头部里有发现。标本2015DD：62，表面灰色，直径1.5厘米。

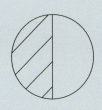

图4-197　弹丸

（三）玻璃器

调查发现一些玻璃碎片，颜色丰富，有蓝、黄、黑、墨绿等多种。由于残破太甚，器形难辨，能确认器形的计3件。

1. 望远镜片　1件。

2015DD：31，完好。对比2016DD：01，可确认为另一单筒望远镜的目镜片，镶在铜质的镜筒中，镜筒带外牙。镜片无色、透明。镜筒外径2.9厘米，高1厘米（图4-198）。

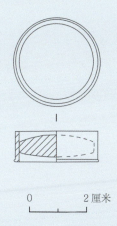

0　　　　2厘米

图4-198　望远镜片　2015DD：31

2. 碗　1件。

2015DD：126，残损，存碗底碎片。碗心下弧，圈足，足端圆滑，吹制时足墙稍偏于一侧。碗底部印有大写英文字母"ȦH"，"A"上带上小点。颜色黑色。碗片大小5.7厘米，足径3.7、残高1.9厘米（图4-199）。

0　　　　2厘米

图4-199　玻璃碗　2015DD：126

3. 葵口盏　1件。

2015DD：94，残损一半。敞口，口沿做成葵花口，弧腹，平底。外壁刻划莲瓣纹，底部亦有刻划，纹样残损。胎壁较厚，花纹刻划也较深。海底与煤渣、贝壳夹杂在一起，出水时表面沁成深褐色，现还原为无色透明质地。口径 10.8、底径 4.4、高 4.1 厘米，壁最厚处 0.7 厘米（图 4-200）。

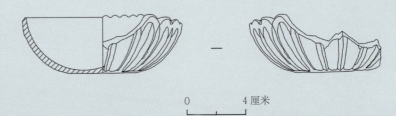

0   4 厘米

图 4-200　葵口盏　2015DD：94

（四）石器

共计 2 件，类型有印章、棋盘。

1. 印章 1 枚。

2015DD：72，完好。正方体，材质为较普通的寿山石，质地略显粗糙，颜色偏灰，印文为篆书"雲中白鹤"，阴文，雲字边框人为敲掉。长、宽、高均为 1.8 厘米（图 4-201）。

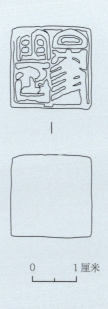

0   1 厘米

图 4-201 印章 2015DD：72

2. 棋盘 1 件。

2016DD：24，残，仅存一小块边框。外观残损成不规则的三角形，正面划有围棋盘，刻线较浅。棋盘外沿平直，表面磨制光滑，石质细腻，颜色灰白。残长 14.5、厚 3.6 厘米（图 4-202）。

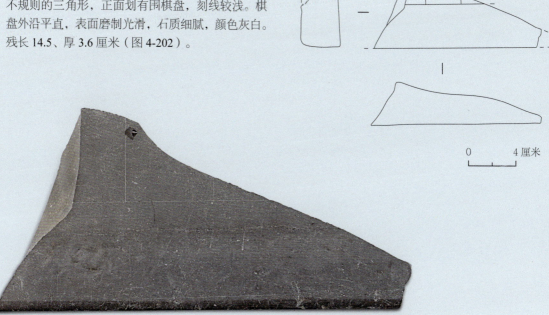

0   4 厘米

图 4-202 棋盘 2016DD：24

（五）骨器

仅 1 件，为小刀的刀柄。

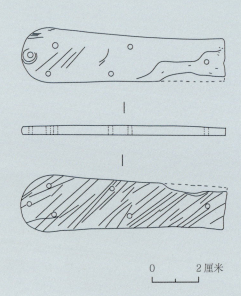

2016DD：29，大体完好，表面磨蚀较多。总体呈长条状，圆首，前端略有收分。柄上钻有 6 个小孔，用于固定铁质刀身（已失）。内侧面较平，密布开料形成的切割痕；外侧面沿中脊线加工成微高的弧度。表面灰黑，质地为牛角。长 8.8、最宽 2.2、厚 0.3厘米（图 4-203）。

图 4-203　骨器　2016DD：29

（六）橡胶制品

共 2 件，类型有橡胶圈、电极。

1. 橡胶圈 1 件。

2016DD ：23，残断。环形，侧面带有凹槽，多为舱门的密封件。断口为乳白色。直径 30、宽 1.4 厘米（图 4-204）。

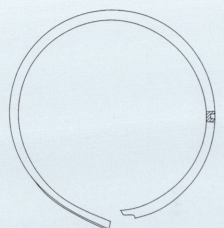

0   6厘米

图 4-204 橡胶圈 2016DD：23

2. 电极　1件。

2015DD：47，残，通体黑色。表面平整，印有"+45"字样，并嵌入一根铜触片。背面粘连有四个圆形电极，电极从根部残断。为电器元件，用橡胶将电极、铜触片浇铸在一起。通体。残长5.8、残宽5.5、厚2.5厘米（图4-205）。

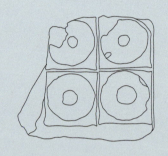
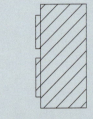

0 　　　2厘米

图4-205　电极　2015DD：47

（七）皮革制品

共 4 件，类型有鞋、皮带、鼓皮。

1.鞋底　2 件。

大体完好，黑色。鞋底叠加了十层牛皮，前掌与后跟两部位再额外加厚。周边残留一圈铜钉，为加装鞋帮所致。鞋底中间用皮筋缝合，留有五排针脚。2015DD：07，尺码稍大，长 26.7、最宽 8.3、厚 1.8 厘米。2015DD：155，尺码稍小，长 25.8、最宽 8、厚 1.8 厘米（图 4-206）。

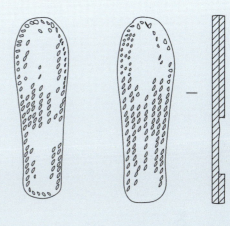

0　　　6厘米

图 4-206　鞋底

2. 皮带 1条。

2015DD：145，残存尾端，表面褐色。长条形，端
头有倒角，皮带用两层皮缝合，显示有三排针脚。
残长 13.7、宽 4.5、厚 0.3 厘米（图 4-207）。

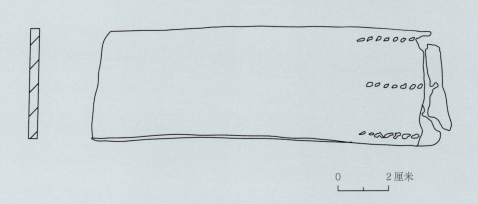

图 4-207 皮带 2015DD：145

3. 鼓皮　1张。

2015DD：124，残存一半，表面黑褐色，色泽不均。原物为鼓，仅存蒙皮。鼓面平，有磨蚀与局部起皱现象。鼓皮边沿有一周钉合的钉孔，残留有 2 枚铜钉。鼓面径 11、高 3.5 厘米，鼓皮厚 0.5 厘米，钉眼孔径 0.6 厘米（图 4-208）。

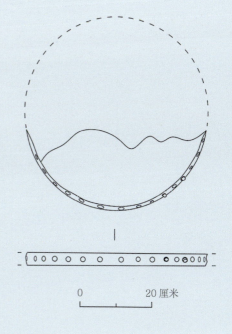

0 　　　　20厘米

图 4-208　鼓皮　2015DD：124

（八）煤炭

遗址堆积有大量煤炭，舱室中的堆积层即以贝壳碎屑、煤渣为主，并将混杂其中的文物外表沁黑。煤炭有采集数块出水，大小 5 ～ 15 厘米不等，体表黑色，断口带光泽。

图 4-209　煤炭

表 4-1　致远舰调查出水文物统计表

质地	名称		数量 件（套）	分类统计
瓷	青花瓷	器盖	1	28
		碗残片	2	
		碟	1	
		花卉诗文小杯	1	
		印泥盒	1	
	酱釉瓷	钵	1	
		小杯	1	
	五彩瓷	碗	1	
	白瓷	鼻烟壶	1	
		小杯	1	
	欧洲瓷	盘	3	
		托盘	1	
		盆	5	
		瓷砖	6	
		罐片	1	
铜	武器（机关枪、肩托等）		10	323
	弹药（各种口径炮弹、鱼雷引信等）		120	
	方形舷窗		3	
	圆形舷窗		2	
	鱼雷观察窗		1	
	单筒望远镜		1	
	万向环		1	
	束管铜板		1	
	大型截止阀		1	
	管道旋柄		2	
	门窗旋柄		2	
	废液槽		1	
	导缆柱		2	
	滑轮		1	
	桨柄卡槽		2	

续表

质地	名称	数量 件（套）	分类统计
铜	栏杆	2	323
	防滑板	3	
	花窗构件	1	
	插芯门锁	6	
	钥匙	2	
	铭牌	3	
	刻度尺	1	
	刻度盘	1	
	测船底管	1	
	消防水接头	2	
	下漏	2	
	变径接头	1	
	堵头	1	
	管材	2	
	板材	6	
	螺栓	2	
	螺丝	14	
	挡圈	1	
	垫片	1	
	内套	3	
	环箍	1	
	衣帽钩	3	
	小挂钩	2	
	悬挂式吊环	1	
	活动式吊环	2	
	链式吊环	1	
	挂锁扣	2	
	皮带扣	2	
	衣服纽扣	2	
	大型合页	1	

续表

质地	名称	数量 件（套）	分类统计
铜	两折式小合页	2	323
	插销	2	
	提梁	4	
	清代铜币	67	
	港币	1	
	宽永通宝	1	
	电灯座	1	
	电极头	2	
	固定螺栓	1	
	插头	2	
	开关	1	
	水烟袋	2	
	盒、盖	5	
	脚套	3	
	铜饰件	2	
	手电筒	1	
	连接杆	1	
	铜构件	3	
铁	板材	1	32
	栏杆柱	1	
	舷窗边框	1	
	传动轴	1	
	小艇支架固定桩	1	
	滑轮	2	
	螺丝刀	1	
	六角螺帽	1	
	环形铁块	1	
	铁钩	1	
	主炮管残片	1	
	弹药	4	
	铆钉	16	

质地	名称	数量 件（套）	分类统计
木	滑轮	3	23
	栅格板	1	
	堵头	2	
	轳辘	1	
	盖	2	
	盆	1	
	毛刷	2	
	算珠	2	
	底座	1	
	梳子	1	
	砚台盒	1	
	手柄	1	
	木构件	1	
	家具构件	4	
皮革	鞋底	2	22
	鼓皮	1	
	皮带	1	
铅	下水管	1	
	弹丸	3	
银	汤匙	1	
	银锭	5	
玻璃	望远镜镜片	1	
	碗	1	
	葵口盏	1	
石	印章	1	
	棋盘	1	
骨	刀柄	1	
橡胶	橡胶圈	1	
	电极	1	
煤炭	煤炭	一批（不计入总数）	
总计		428	

表 4-2　致远舰遗址出水武器统计表

编号	名称	总数量	完整数量	备注
弹　药				
1	37 毫米哈乞开斯炮弹	27	4	
2	47 毫米哈乞开斯炮弹	2	1	霰弹
3	57 毫米哈乞开斯炮弹	17	5	
4	152 毫米炮弹头	1	1	6 英寸炮钢弹头
5	鱼雷引信	1	1	
6	铅弹丸	3		霰弹内部填充物
7	开花弹引信	3		
8	马蒂尼·亨利步枪子弹	5		仅弹壳底座，另有枪箍
9	11 毫米毛瑟步枪子弹	21	4	
10	加特林机枪子弹	35	17	
11	斗牛犬转轮手枪子弹	5	2	0.32 英寸
12	亚当斯左轮手枪子弹	3	2	0.45 英寸
13	恩菲尔德左轮手枪子弹	1		0.416 英寸
14	钢弹头	1		57 毫米
15	开花弹片	1		来自日军
16	开花弹弹头	1		
武　器				
1	加特林机枪	1	1	
2	57 毫米哈乞开斯炮肩托	1	1	
3	齿轮	1		炮身调节旋钮
4	刺刀柄	1		
5	步枪扳机护圈	1	1	
6	箍	4		枪管箍
7	剑首	1	1	
8	210 毫米炮管	1		残片
合计		138	41	

第五章

研究与认识

第一节　身份确认及重要遗迹

1894 年 9 月 16～17 日，清北洋海军护送陆军刘盛休部至鸭绿江口（时称大东沟，黄海海战旧时也称大东沟海战），由此登陆支援日益吃紧的朝鲜平壤战局，舰队于鸭绿江口外下锚警戒，陆军及辎重改由小船往返岸上转运，由于潮低进展缓慢。17 日上午，舰队发现由南而来的日本联合舰队，北洋海军主力舰只当即起锚迎敌，海战从中午开始，历时逾 5 个多小时结束。战后，北洋舰队损失扬威、超勇、致远、经远、广甲 5 艘军舰，其中，扬威、超勇、致远、经远 4 舰沉没于交战海域，广甲艘在撤退途中搁浅于大连湾三山岛附近，第二天被巡视战场的日军用鱼雷击沉，当天击沉的还有大鹿岛附近半沉状态的扬威舰。

致远舰为穹甲巡洋舰，清政府向英国阿姆斯特朗（Armstrong）公司订造，于 1887 年完工，并于当年 11 月与靖远、来远、经远等舰结伴回国。全长约 76、宽约 11.6、吃水约 4.6 米，排水量 2300 吨，采取艏、艉楼设计，外观双桅、单烟囱，穹面装甲厚 2～4 英寸，航速 18.5 节（图 5-1）。主要武器有 3 门 210 毫米克虏伯主炮、2 门 6 英寸 152 毫米阿姆斯特朗副炮、4 具 18 英寸鱼雷发射管，以及 57、47、37 毫米哈乞开斯炮、加特林机枪等。甲

图 5-1　阅军期间进驻大连湾的致远舰

（来源：甲午战争博物院提供）

午海战中，致远舰奋勇激战，为救起火的定远舰曾主动前出以舰体侧面抵挡炮弹，导致舰体受创严重进水而倾斜，最终不幸沉灭，管带邓世昌及全舰官兵与舰同沉[1]。

调查海域为黄海北部，大量历史资料均证实，交战区只有扬威、超勇、致远、经远四艘北洋海军钢铁沉舰。根据 2014 ～ 2016 年长达三年的水下考古调查成果，物探数据及大量实物证据确认沉舰遗址为致远舰。

首先是物探数据。在最初开展工作使用最多的就是物探设备，钢铁沉舰遗址首选磁探仪来确认其位置与体量。经磁力仪勘探，遗址水底最大磁力异常值为 5905nT，铁质物体推算约 1600 吨。这个吨位明显大于 1380 吨满排水量的超勇舰、扬威舰。致远舰排水量为 2300 吨，经炮火摧毁及后来日方拆卸都会折损掉许多钢材，再去除部分木材、煤炭等非磁性物质的体量，海底 1600 吨的铁质物体与致远舰、经远舰损伤后的情况匹配。

其次是资料记录。甲午海战后，北洋海军的所有沉舰很快即遭到日方的拆卸，由日本官方向民间打捞公司发放打捞权。近年来随着日方资料的公布，已有相关研究成果面世，这是造成黄海北部、威海湾两地的北洋沉舰破损的主因[2]。除去故意公布一些不实的位置信息外，如前述的"黄海临战清国军舰损失表"[3]，各沉舰的位置日本官方掌握准确，真实的致远舰的位置也有资料标注。考古队后来查阅到一张日本海军 1894 年绘制、1904 年修订的"黄海北部及渤海"海图[4]，明确标注有致远、扬威两艘沉舰位置。对照图中"致远"位置，即在现遗址不远处。海图上水深 13 米，较现在的 18 米水深要浅很多（图 5-2）。

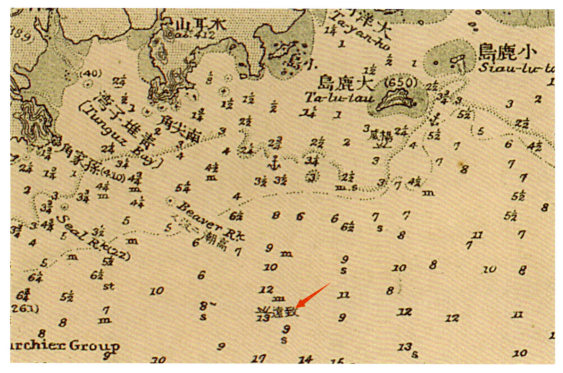

图 5-2　日本海军测绘的黄海海图上"致远"位置（箭头处）

（来源：吴立新提供，复印自日本京都大学图书馆）

最后是大量的考古实证。

舰体结构，穹甲是致远舰划归快舰非常重要与独特的防护方式。致远舰没有防护装甲（减重以获得高速机动性），用增厚的竖斜穹甲板防护动力机舱，两侧再布设煤舱抵御敌方炮弹，以此增强战场的生存能力。煤舱已在 TG1 清理时确认。对于防护，经远舰采用防护装甲带构建成一圈"铁甲堡"（这种设计自然会造成船速下降，只达 15 海里），超勇、扬威两舰均未使用穹甲结构。由此，穹甲结构对于遗址身份辨识价值极高。由于此前，在德国订造的济远舰使用的穹甲位于水线之下，遭到国内大臣的纷纷指责，穹甲一度成为时政之争。经远舰与致远舰在舰体结构上差异明显，清代船政大臣裴荫森在《请拨款仿制穹甲快船折》中有清楚表述 [5]。中法马江海战后，裴荫森派遣魏瀚于 1886 年赴欧洲采购造船材料，在他的考察报告中重点介绍了许景澄在德国订制经远舰、来远舰，以及曾纪泽在英国订制致远舰、靖远舰的建造情况，"许大臣订购之船，皮有甲，台有堡，船可载重二千九百吨，马力三千四百匹，行可十五海里，应配二十一生大炮二尊，十五生大炮二尊、鱼雷筒四具……曾大臣订购之船无甲无堡，船可载重二千三百吨，马力五千五百匹，行可十八海里，应配之炮械、雷筒与许大臣相若……而曾大臣之船舱有穹甲，厚处四寸，薄处二寸，半在水上，半在水下，制法尤胜于济远"。文中所言曾大臣（曾纪泽）订购之船即为致远舰，4 寸厚的穹甲，与致远舰遗址水下锅炉处发现的 3 层穹甲板的厚度完全吻合。魏瀚考察报告讲明经远舰采用铁甲堡，致远舰穹甲胜过济远舰的关键是设在水线上下。

致远舰使用艏、艉楼高起的设计，在艉楼甲板舱室安装有独特的方形舷窗，在黄海北部沉没的超勇、扬威、经远舰中均未有安装，这是识别致远舰与其他甲午沉舰的重要标识物。水下考古在遗址中共发现 3 件方形舷窗，并提取出水 2 件。

武器方面，加特林机枪的炮耳上直接标注有生产时间"1887"，铭牌上也注明了英国的生产商与产地。经远舰为同时期德国生产，超勇、扬威则为英国同一厂商于 1880 年生产，均与之不符 [6]。

当然，最直接明了的实物是写有"致远"二字的餐具，共发现 3 个带有清晰"致远"篆书的瓷盘及碎片。与瓷盘配套使用的银勺也印有致远的圆形标识。图中的"CHIH YüAN"为"致远"二字的威妥玛拼音，在 1886 年建成英国举行的下水仪式上，"致远舰"威妥玛拼音也清晰地印见于栏杆的条幅上（图 5-3）。

遗址中另外一件重要的发现是单筒望远镜，样式为常见的航海单筒镜，外观呈长筒形，镜筒用铜皮制成，可伸缩进行对焦调整清晰度。难得的是物镜筒上刻有英文的花体字，可辨识为"Chin Kin Kuai"。这是致远舰大副陈金揆的英文名。陈金揆为第四批、也是最后一批留美幼童，曾就读过美国新罕布什尔州的菲利普斯艾克瑟特中学（Phillips Exeter Academy），留学中途即被清政府召回，后入读北洋水师学堂。毕业后在北洋水师任职，曾担任过扬威舰上的二副、大副，致远舰建成后，改任致远舰大副，在舰上的职务仅次于管带邓世昌。上述英文

图 5-3　致远舰下水仪式

（来源：张黎源提供，复印自英国泰恩·威尔郡档案馆）

名为陈金揆留美时用过的名字[7]，这也是致远舰上唯一标明使用者身份的物品。

　　综上所述，水下考古实物、舰船结构、甲午海战档案、日方打捞记录、事发海域渔民访谈记录材料等，都明确遗址的身份为致远舰。

　　此外，致远舰还是较早使用水密隔舱设计的军舰。在遗址的左舷后部发现数道横向钢板，可以确认为水密隔舱结构。1885 年 9 月，英国、德国在争夺中国军舰订单时，致远舰设计师威廉·亨利·怀特（William Henry White）就针对德国建造济远舰的缺陷进行抨击，其中也包括分舱。济远舰为大通舱设计，没有水密隔舱、单层底，一旦受损进水很容易沉没。

　　钱币中的一枚 1880 年生产的港币，铸有"香港""HONG KONG"字样。香港是北洋海军南下越冬的地方，在 1888 年北洋海军成军之后形成定制。在港期间，完好舰只会在南海一带操练，最远访问过印尼、新加坡。1890 年 2 月，在香港还发生过针对英国教习琅威理的"撤旗事件"[8]，致远舰当时正随舰队在南海一带操巡。港币时代特征与致远舰服役期间的活动地点高度吻合。

　　2017 年 7 月，国家文物局水下文化遗产保护中心赴英国学术交流，考察了朴次茅斯港的铁甲舰 HMS Warrior（皇家勇士号）。皇家勇士号外形酷似风帆木质战舰，是英国第一艘铁甲舰，于 1860 年开始建造，用钢铁取代木材、蒸汽机取代风帆，设计为 9000 吨级，

1861年10月建成，为当时世界上最大的战舰，该舰的出现开启了全铁质军舰的新时代。参观该舰也看到诸多运用在致远舰内部的装置，如住舱挂钩、门锁、小艇桨柄卡槽、甲板木及防水堵头等（图5-4～图5-6）。

图 5-4　皇家勇士号军官住舱内景

图 5-5　皇家勇士号战舰配备的划桨小艇

图 5-6　皇家勇士号甲板上的木质堵头与铜质管口

第二节　武器辨析

　　武器是衡量一艘军舰战斗能力高低的重要因素，致远舰主要武器系统包括3门210毫米克虏伯主炮（艏部2门双联装、艉部1门单管），2门6英寸阿姆斯特朗侧舷炮，8门6磅哈乞开斯速射炮，2门3磅哈乞开斯速射炮，8门1磅哈乞开斯速射炮，6门加特林10管机枪，4具14英寸鱼雷发射管。考虑到致远舰不大的排水量（经远舰2900吨、济远舰2440吨、致远舰2300吨），能安装下如此多的武器真是令人叹服，在武器数量上超过舰体更大的济远舰、经远舰，尤其是艉部多安装的1门210毫米主炮。致远舰所有武器均有水下考古实物或配件予以证实（图5-7）。

　　李鸿章在光绪十五年四月二十二日上奏《定造快船报销折》[9]，上报购置致远、靖远、经远、来远四舰的各项开支，附有详尽的清单，涉及舰载武器、配件物资、行船开销等，

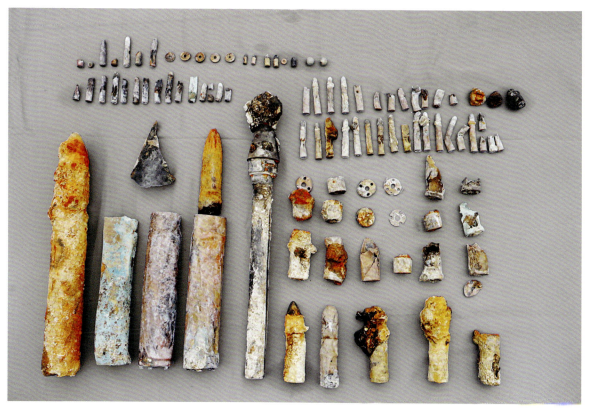

图5-7　致远舰遗址发现的各型号武器弹药

标明舰船原厂配备的各式武器，特将其中二舰摘录于下：

英国订造"致远"、"靖远"二船支款项下：

一、支英国阿模士庄厂订造"致远""靖远"快船二只，共价银一百十七万七千四百十九两五钱四厘五丝。

一、支德国克虏伯炮厂代造二十一生的三十五圆径后膛来福炮六尊，备用器具全分，配钢铁等弹九百个，并添购演炮药弹价值暨运保、驳力、栈租，及监造洋员津贴等项共银九万七千六百六十七两一钱二厘七毫八丝四忽六微。

一、支克虏伯后膛炮用炮架、炮弹、火药，备用各机器零件，共价银七万二千七百一十两八钱一分八厘六毫。

一、支阿模士庄厂六寸径后膛螺纹大炮四尊，并炮架、炮弹、火药、引线各零件备件，共价银四万八百二十五两四钱七分一厘九毫七丝。

一、支霍智纪士六磅弹急放炮十六尊，连炮架、药弹、引线、箱车各零件备件，共价银五万六千七百六十四两八钱六分二厘九毫七丝。

一、支四十五径格林急放炮十二尊，连炮架、药弹、备件、器具等项，共价银三万二百九十两六钱六分五厘九毫八丝五忽。

一、支马丁尼后门枪八十枝，梅花手枪三十枝，腰刀八十把，长矛八十枝，连皮带、药袋、药弹、斧箭等件，共价银五千一百二十二两八钱七厘六毫七丝四忽。

一、支鱼雷炮八尊，鱼雷二十四个，连各项机器零件备件，并装配一切，共价银九万六千七百五十四两九钱六分四厘一毫五丝七忽四微。

一、支电气查察灯四盏，玻璃电气灯三百盏，提手灯二十盏，并轮机电机装配备件，共价银二万四千四百五十七两二钱七分五厘三毫一丝二忽二微。

一、支添制霍智纪士小机器炮二十尊，连子药等件共价银三万六千九百七十五两一钱三厘七毫二丝三忽七微。

一、支添购六哲斯锚二具、电气引四百枝，共价银七百九十八两七钱一分七厘四毫五丝三忽。

一、支演试阿模士庄并霍智纪士、格林各炮添购药弹等项，及添备两船回华途用炮药，共价银一千四百六两二钱五分八厘九毫七丝二忽四微。

一、支阿模士庄厂添办两船放炮电气灯、电气准头、分度弧等项并装费，共价银七千四百五十九两五分五厘九毫四丝。

一、支两船炮用皮盘、器具、并经度舱面各表仪器，远镜、绘图器具，及炮手、木匠、水手所用各料件，暨行船海图共价银三千一百七十六两四钱五分七毫三丝。

一、支两船汽炉房所用各项料件，共价银七千一百五十八两九钱六分八厘七毫九丝五忽二微。

一、支使馆随员并翻译官赴英国各海口船厂，查访造船情形，并参赞官赴船厂商论事宜，及勘验船工火车路费等项，并翻译德文笔资共银一千五百七十二两五钱四分二厘八毫九丝八忽八微。

　　一、支派赴阿模士庄船厂监验工程监工、匠首津贴、房膳、归装路费等银八千八百六十六两二钱九分五厘八毫五丝六忽九微。

　　一、支商论造船事宜节次电报费并信资共银七千三百四十六两七钱一分九厘三忽九微八沙。

　　一、支洋匠本敦照料两船装修舱位等处工食银二百五十七两八钱七分三厘五毫六丝五忽。

　　一、支英海部派员演试两快船，应需折席车费等银二百九十七两四分三毫一丝四忽四微。

　　一、支英厂两快船回华，沿途用煤八百九十吨零八百九十六磅，共价银一千九百九十六两三钱八分二毫八丝三忽。

　　一、支洋员琅威理在英购买两快船备用物件，共价银六千六百二十二两九钱三分五厘四毫七丝七忽。

　　一、支捞取"致远"船海口失落锚炼用费银七十七两八钱三分三厘七毫。

　　一、支阿模士庄厂续寄两快船需用器具、军火水脚保险银七十七两七钱九分五厘。

　　一、支"致远"、"靖远"二船开驶来华时在洋购买备用备件，共价银四千八百七十八两三钱四分八厘七毫五丝。

　　一、支拨还船政大臣垫支赴英监造快船监工、匠首薪水、行装船价等银六千四百七十一两二钱三分七厘一毫。

　　以上统共支银一百八十九万七千四百五十三两三分一厘六丝六忽五微。

　　上述清单里明确提及的武器有：

　　"二十一生的三十五圆径后膛来福炮六尊"，为致远舰配备的德国克虏伯210毫米35倍径的主炮，每舰3门，舰首双联装，舰尾一门。遗址中有发现一段带膛线（来福线）的炮管残片（2014DD：26）。

　　"阿模士庄厂六寸径后膛螺纹大炮四尊"，"阿模士庄"现译为阿姆斯特朗，为致远舰上的6英寸阿姆斯特朗副炮，安装于左右舷侧，每舰计2门。遗址中有发现一枚炮弹头（2015DD：120），炮弹尾部涂有软铅，发射时弹体与膛线紧密啮合。

　　"霍智纪士六磅弹急放炮十六尊"，"霍智纪士"现译为哈乞开斯，为致远舰上的57毫米哈乞开斯炮，每舰装备有8门。遗址中发现共十余枚，包括钢弹（2014DD：025）、霰弹（2015DD：41）二种形制炮弹、已使用过的药筒，以及一件肩托（2016DD：03）。炮弹药筒的固定栓上印有"EOC"，为"The Elswick Ordnance Company"的简写，即埃尔斯维克军械公司。该公司为阿姆斯特朗公司的下属企业。

"霍智纪士小机器炮二十尊"，为致远舰上 37 毫米哈乞开斯炮，五个炮管，遗址中有发现 20 多枚的该种型号的炮弹，包括钢弹（2015DD ： 014）、霰弹（2015DD ： 015）二种形制。

"四十五径格林急放炮十二尊"，为致远舰上的 11 毫米口径加特林机枪。遗址中发现一门保存完好的机枪及炮架（2014DD ： 29），以及 34 枚机枪子弹。部分子弹壳底部印有"R↑L""8""7"字样。"↑"为英国皇家海军的标志。"RL"推测为皇家生产工坊"The Royal Laboratory"的简写。"87"对应为生产时间 1887 年。关于生产厂商的演变[10]，机枪铭牌所记的公司名称 SIR W. G ARMSTRONG MITCHELL AND COMPANY LIMITED，与生产时间相吻合。公司位于泰恩（TYNE）河畔，1847 年开始叫 W. G ARMSTRONG AND COMPANY，为一家生产枪械的小厂家，1863 年改名 SIR W. G ARMSTRONG AND COMPANY，一直持续到 1882 年。此期间取得美国加特林机枪代理权，先后代清政府、日本生产了筑紫、和泉、超勇、扬威等舰只。由于公司没有造船厂，造船委托 MITCHELL 公司负责，阿姆斯特朗公司配备武器。到 1883 年之后，两公司合并，此后称 SIR W. G ARMSTRONG MITCHELL AND COMPANY LIMITED，自此能同时建造舰船及枪炮，公司名一直使用到 1896 年。此期间开启大规模造舰，为清政府、日本先后生产了浪速、高千穗、致远、靖远、吉野等舰只，另外还有一些鱼雷艇。机枪铭牌上所刻的"1886"型号，及炮耳、子弹上的生产时间"1887"年，正好与公司这个时候的名称一致。由于李鸿章对德国火炮推崇，致远舰上的主炮改换德国克虏伯炮，因而清单出现"德国克虏伯炮厂代造"这样的表述。实际上，此时阿姆斯特朗公司生产的火炮及带有复进装置的炮架已处前沿水平。

"鱼雷炮八尊，鱼雷二十四个"，为致远舰与靖远舰共同配备的鱼雷管及鱼雷，各 4 具（尊）安装于艏、艉及左右两舷侧。遗址中有发现一枚保存完好的鱼雷引信（2015DD ： 68），以及一个残断的鱼雷观察窗（2016DD ： 35）。

"马丁尼后门枪八十枝"，即马蒂尼·亨利步枪，致远舰遗址中有发现 4 枚步枪子弹的底火。

"梅花手枪三十枝"，按弹巢的形状，为当时（清朝）中国人对左轮手枪的俗称。致远舰遗址中共发现 3 种型号的手枪子弹：8 毫米口径斗牛犬左轮手枪弹（2015DD ： 98）、0.45 英寸亚当斯左轮手枪弹（2015DD ： 107）、12.1 毫米口径恩菲尔德左轮手枪弹（2015DD ： 108）。

除上述武器外，遗址中还发现一些未提及的武器，如 47 毫米哈乞开斯炮弹、毛瑟步枪子弹等。另外，清单中所提及的望远镜、分度盘、电气灯、器具等也在出水遗物中有发现。致远舰遗址中发现的 47 毫米哈乞开斯炮弹证实舰上有安装这种型号的武器，以前或认为只装于舢板上使用。

第三节 沉态分析

致远舰沉灭原因众说纷纭。有日军鱼雷击沉、自身鱼雷殉爆、被重炮击沉、锅炉大爆炸等观点，见诸战后上报朝廷的奏章、民国《安东县志》、清人报章、亲历者回忆等。现今的水下考古资料，舰侧探沟揭露的完好外壳板和阳极水下电焊的通导情况，可以得知，目前埋于泥下的舰体保存完整，未见外壳开裂或有孔洞，这说明水下舰体并没受到攻击，残存 2.5 米高的舰体已在水线之下，致远舰如果受到鱼雷攻击，一般会在水线之下近龙骨的地方造成严重的创伤，致远舰是没有防护装甲的舰体外壳，更容易出现舰体从中间断裂的情况，即舰体外壳上会有较大撕裂的破损口。致远舰考古发现外壳板保存完好，舯部按其长度已快至末端，近艏部处发现保存完好的鱼雷引信、一些完好的弹药，均说明并未发生被鱼雷直接击沉或鱼雷舱中炮发生殉爆。

按张黎源的研究成果[1]，最后致远舰的翻沉非常突然，没有明显预兆，不仅友舰未注意，日军最初也未在意，最后只注意到其加速下沉，过程迅速。一般而言，船只受损或发生海难下沉，由于浮力原因，从进水到最后下沉有一个过程，致远舰遗址考古未发现船体断裂成两半的情况，即刻下沉是很少见的事。9 月中旬，黄海北部的海况比较平静，排除了天气影响。复盘海战情况，致远舰的位置处于北洋舰队的左翼，日军第一游击队快速从北洋舰队阵前横过，率先攻击了北洋右翼两艘弱舰，造成扬威、超勇很快起火失去战斗力。之后，日本第一游击队向左大转弯，最终到达北洋舰队左翼位置，原设定处于最外围的济远与广甲舰出现严重拖后情况，这样致远舰反而处于北洋舰队左翼最外围的位置，也是最容易成为日军集火攻击的对象。按北洋舰队位置而言，致远舰左舷面敌，很容易因为左侧中弹受伤，进水后向左侧倾斜。中炮进水后致远舰水密舱的抗沉效果发挥作用，当进水量超过正浮力后，舰体才会突然下沉。致远舰在受损后一直坚持在战场上（考古揭示出大面积的火烧痕迹），与定远、镇远两艘铁甲舰共存亡，未向浅水区避险，这是北洋多数受伤舰只的规避方法（扬威、超勇、来远、靖远），不管是否有没有冲撞吉野的举动，致远舰是不负英雄舰的称谓，代表英勇无畏的民族情节。

致远舰在沉没之后，经历过长期来自日本民间公司的破拆，遗址出现板材凌乱情况，加之渔网的拖挂，加剧了水下遗物的移位与破损。经考古调查所知，水下舰体残长约 60 米，艏、艉都有一些残失，埋深还有 2.5 米。从舷板接缝、舭龙骨走向可以推测舰体基本上呈正沉状态，以此可以还原沉灭与埋藏的过程：在致远舰下沉时，20 多米的水深，让自重达 2300 吨的舰体迅速沉入海底，巨大的重量导致舰体底部陷入软泥中，下陷深也就 1～2 米左右，海由只有高耸的桅盘出露。之后，是长期的暴力破拆过程、自重下沉过程、泥沙缓慢掩埋过程。致远舰远离大陆，泥沙沉积较缓慢。其中，日本人的破拆活动对沉舰造成的破坏最大，到 1938 年左右，估算已拆至第二层甲板（参考本书附录四），此时自沉过程与泥沙掩埋已将舰体埋至深度 2.5 米左右，海床泥层面已抵近破拆位置，导致破拆活动无法继续进行，至此才最终放弃了拆解。破拆活动也导致一些小物件散落在舰体周边。由于致远舰外壳板单薄，连接的铆钉在海水里受到腐蚀，一些未拆除的舷侧板在重力作用下也向两侧坍塌，并逐渐被浮沙掩埋。1949 年以后，拖网渔船活动频繁，该处常导致渔网被挂，很快在遗址的铁板上形成厚厚的渔网层。

第四节　海战影响

　　致远舰遗址掩埋于泥沙下，给寻找与确认工作带来较大困难。通过三年的水下考古调查，已将舰体的大部分外部轮廓清理出来。从调查的情况来看，船体受损较重，仅存底舱，按锅炉与穿甲的位置估算，保留高度近 3 米。出水遗物器类丰富，时代特征明显。所获资料为中国近代史、甲午海战和世界海军舰艇史的研究提供了十分珍贵的实物资料。

　　甲午海战影响深远，其结果改变了东亚的政治格局。中国以洋务运动达到富国强兵的梦想破灭，开始走向探寻政体改革的变法图强之路。朝鲜则完全脱离了与中国的藩属国关系。日本继续推崇武力侵略，并在这条道路上越走越远。

　　中国海军史从北洋水师成军开始撰写[12]，甲午海战也是有史以来第一次大规模的近代钢铁战舰之间的直接交锋，双方所用的战略战术、舰载武器与舰只防护能力、吨位，以及海战的最后结果，一直是众多学者研究与讨论重点[13]，而致远舰遗址水下考古调查发现又为海战史研究提供了诸多新的实证资料。

　　民国《安东县志》载"来远、靖远苦战多时，来远舱内中弹过多，延烧房舱数十间，靖远水线为弹所伤进水甚多，均即暂驶离队扑救修补"[14]。来远为经远同级舰，靖远为致远同级舰，从两舰的战损记载也能了解各舰的防护能力。来远舰有装甲防护，被誉为次一级的铁甲舰，交战后只是中炮起火，在回返旅顺港时，来远舰后部甲板及上层建筑全被烧毁，钢梁裸露，但铁甲堡防护的机舱仍运转正常，不需他舰拖带，亦是奇迹。靖远舰无防护装甲，海战结局是舰体被炮火洞穿进水。致远与靖远同为穿甲快速舰，设计原理是发挥其船快优势，多用于破交，而非正面攻防。致远舰在海战中表现甚勇，冲阵时被集火击伤，以致进水沉没不算意外。当然，有防护的经远舰被四艘优势日舰圈出阵外围攻，加之自身船速不快，最终也难逃被击沉命运，"拒战良久，遂被击沉"。可以说，海军提督丁汝昌以舰首向敌、排成一列的夹缝雁行战阵并没有发挥各舰的主要优势。

19 世纪下半叶是造舰技术日新月异的时期，致远舰遗址提供了这一时期的宝贵舰船实例，在遗址中发现的横向水密隔梁、三层穹甲钢板等遗迹甚为难得。致远舰是采用成熟穹甲结构的巡洋舰，用较厚的穹甲板防护全舰，保护内部的锅炉舱室，同时在穹甲与两侧舷板之间分隔成多个水密隔舱，战时堆满燃煤，借此抵御爆炸弹片。由于抗浪起伏，舰艏主炮较难瞄准目标，致远舰设计时在舰体两侧各设了一个耳炮台，安装 152 毫米副炮，以增加舷侧火力。稍晚，英国为日本生产的吉野舰参照了致远舰的设计，并将优势进一步发扬，耳炮台增至八个，吉野舰在甲午对战时舷侧速射炮火力之猛，让北洋诸舰难以匹敌。增强舷侧武器的设计思路是舰艇对敌向舷侧对敌战术转变的结果。在这场海战中，作为主力战舰的定远、镇远，顽强的抗打击能力与大口径的火炮，让军舰设计走进重炮巨舰时代。

中国水下考古对象多是海外贸易木质风帆船，对以蒸汽动力、钢铁材质的大型战舰开展考古调查，属于新的领域。致远舰水下考古调查正式开启了对大型近代钢铁沉舰的调查工作，这类战舰在中国境内还沉有多艘，诸如中法马江海战的沉舰、日俄战争期间旅顺口周边沉舰、第一次世界大战期间自沉于青岛胶州湾的奥地利沉舰、舟山嵊泗海域海天舰等，致远舰水下考古工作提供了成功范例，有助于持续深入开展近代沉舰的考古与保护工作。

注释

[1] 张侠、杨志本、罗澍伟等编：《清末海军史料》，海军出版社，1982 年，第 315-327 页。

[2] 周强：《甲午战后日本对威海湾北洋海军沉舰的打捞》，《历史档案》2033 年第 3 期，第 106-113 页。

[3] 林伟功主编：《日藏甲午战争秘录》，《甲午海战记事》，中华出版社，2008 年。

[4] 姜波：《"致远""经远"与"定远"：北洋水师沉舰的水下考古发现与收获》，《自然与文化遗产研究》2019 年第 10 期。

[5] 裴荫森：《请拨款仿制穹甲快船折》，《洋务运动》卷五，上海人民出版社，1961 年，第 348-350 页。

[6] 陈悦：《北洋海军舰船志》，山东画报出版社，2009 年。

[7] 钱纲、胡劲草：《大清留美幼童记》，当代中国出版社，2010 年。

[8] 姜鸣：《龙旗飘扬的舰队：中国近代海军兴衰史》，生活·读书·新知三联书店，2002 年。

[9] 《李鸿章全集》奏议十三，国家清史编纂委员会，安徽教育出版社，2007 年。

[10] 马幼垣：《靖海澄疆——中国近代海军史事新诠》，中华书局，2013 年。

[11] 张黎源：《"致远"舰冲锋沉没问题考辩》，《甲午战争研究》（内部资料），2016 年第 1 期，第 35-53 页。

[12] 北洋海军约于清光绪十年（1884 年）成军，光绪十四年颁布《北洋海军章程》。参见赵生瑞主编：《中国清代营房史料选辑》，军事科学出版社，2006 年，第 143-145 页。

[13] 戚其章：《甲午战争史》，上海人民出版社，2005 年；宗泽亚：《清日战争》，北京联合出版公司，2014 年，第 451-503 页；王家俭：《李鸿章与北洋舰队：近代中国创建海军的失败与教训》，生活·读书·新知三联书店，2008 年。

[14] 王介公、于云峰修纂：《安东县志》，成文出版社有限公司，民国二十年，670—672。

附录

"致远"级巡洋舰的技术性能

张黎源

浙江蓝乐建筑设计有限公司

"致远"级巡洋舰是中国海军史上最负盛名的军舰之一,因"致远"舰管带邓世昌在中日大东沟海战中的英雄壮举,该舰甚至成为中国海军的精神图腾,历史地位至关重要。但是出于种种原因,长期以来,对于该级巡洋舰的技术性能的研究却未被重视。直到近年来,通过对国内留存档案的重新整理和对该级舰原产地英国档案的发掘,其舰型原貌才逐渐被廓清。

即便如此,由于建造"致远"级巡洋舰的阿姆斯特朗·米切尔公司(Armstrong Mitchell & Co.)几经变迁,档案保存已不完整,目前仍未发现足以确定该型军舰具体结构的原厂图纸或技术说明书等文件,令人遗憾。但通过对新近发现资料的分析,也能够大致还原该型军舰的结构样貌。

"致远"级设计溯源

"致远"级巡洋舰在订购之初,李鸿章所提出的要求仅是参照"济远"舰设计,在英国订购两艘,并强调主炮口径不得小于8至9英寸,装甲不得薄于12英寸,航速不得低于15节,吃水不得深于18英尺。但"济远"舰的原设计问题颇多,阿姆斯特朗公司对此不以为然。该公司的设计总监的威廉·亨利·怀特(William Henry White)决定直接另起炉灶,在总体性能指标仿照"济远"舰的前提下拿出一份全新的设计方案。实际上,"致远"级是从怀特此前设计的意大利巡洋舰"道加里"号(Dogali)改进而来,而"道加里"又与他为奥匈帝国设计的"黑豹"(Panther)级鱼雷巡洋舰颇有渊源(图1)。

图1　建造中的黑豹号巡洋舰

(来源:英国诺森伯兰郡议会档案馆)

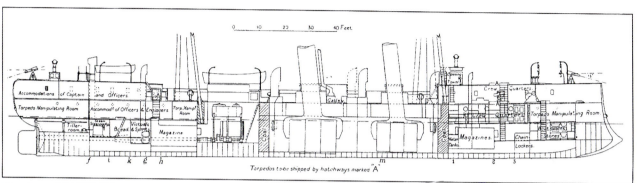

Section of PANTHER and LEOPARD, from Manning, p 136

图 2　"黑豹"级纵剖图

（Frederic Manning. The Life of Sir William White. E. P. Dutton & Co., 1923, P. 136）

　　"黑豹"级的订购颇受当时兴起的"青年学派"的影响，奥匈海军也希望建造一型快速鱼雷巡洋舰，因此在英国各大船厂发起了投标。怀特于 1884 年 4 月收到了来自奥匈驻英使馆随员冯·哈恩（von Haan）的来信，数日后，他已经准备好了一型排水量 1500 吨，常压马力 4000 匹，可以达到 17 节航速的鱼雷巡洋舰方案。怀特设想这型军舰是短艏楼船型，艉部则为龟背状甲板，配备有艏艉鱼雷管和舯部旋转鱼雷管，以及一些小型机关炮，军官能够在指挥塔中直接操作鱼雷管的发射。军舰不设装甲，只靠煤舱和划分水密隔舱提供基本的防护。新舰的设计难点是其动力系统，为了使如此小的军舰达到超乎寻常的高航速，怀特从一开始就将锅炉和轮机作为设计的重点，他与霍索恩·莱斯利公司（R. and W. Hawthorn Leslie & Co.）的工程师弗朗西斯·卡尔·马绍尔（Francis Carr Marshall）合作，他们选用的是 2 座 13 英尺直径的双头锅炉和 2 座 11 英尺直径的双头锅炉，大者两侧各有 3 个炉膛，小者两侧各有 2 个炉膛；轮机则为 2 座立式双涨蒸汽机（这是第一次在小型双螺旋桨军舰上使用立式蒸汽机）；并设计有一个烟囱。按照他的设想，新舰在强压通风状态下的航速能够达到 19 节。

　　1884 年 6 月，奥匈驻英使馆通知阿姆斯特朗公司赢得了投标。但因增加了武备等原因，原设计需要加长舰体，并增加一个艉楼，烟囱也增加到 2 个。1884 年 10 月，"黑豹"与"美洲豹"（Leopard）二舰于埃尔斯维克船厂（Elswick Shipyard）开工建造，成为该船厂第一批建造的军舰（图 2）。在后来的试航中，二舰分别达到了 18.94 节和 18.593 节的高速，怀特的目标圆满达成[1]。

　　从现存的"黑豹"级设计图纸和照片来看，该型军舰有着与"致远"级相似的艏艉楼船型和舰体型线，许多舱室布局、舾装件细节也与"致远"级多有雷同之处。当然，二者之间也有许多差异，如"黑豹"级无防护甲板，锅炉舱和轮机舱的布置与"致远"级不同，且没有安装大口径火炮，等等。但这并不妨碍我们从"黑豹"级身上找到"致远"级设计的影子。

　　在开工了"黑豹"级巡洋舰后，怀特又拟就了一份二等巡洋舰的设计备忘录。这艘船厂编号为482号的二等巡洋舰于1885年2月开始建造，其最初是作为一艘外贸巡洋舰，并未指定买家，建造过程中曾被希腊政府短暂购买，命名为"萨拉米尼亚"号（Salaminia），后又被土耳其政府短暂购买，最终被意大利政府买下，起初命名为"安吉洛·埃莫"号（Angelo Emo），后更名为"道加里"（图3）。

　　"道加里"号的舰型与"黑豹"级非常相似，她有着低矮的艏楼和艉楼，艏楼前段是龟背状甲板，主要武器是6门6英寸炮和4具鱼雷管（图4、图5）。与"黑豹"级一样，这型舰也以轮机作为设计的重中之重，轮机同样由霍索恩·莱斯利公司设计；但与"黑豹"级不同的是，由于设计了通长的防护甲板，不能再安装整体高度较高的立式蒸汽机，因此只能设计短冲程的卧式蒸汽机。"道加里"号是世界上第一艘装备了三涨式蒸汽机的军舰，按怀特自己的话说："当时的工程师们还没有准备好在如此小的船上使用高速短冲程的蒸汽机。但我们向前迈了值得称道的一步，将第一座三涨式蒸汽机装上了军舰，获得了效能

图3　"道加里"号装备的卧式三涨蒸汽机

（The triple expansion engines of the Dogali. The engineer, Feb 11 1887, P.112）

图4　建造中的"道加里"号巡洋舰，可见其舰体线型与"致远"级极为类似

（来源：英国泰恩·威尔郡档案馆）

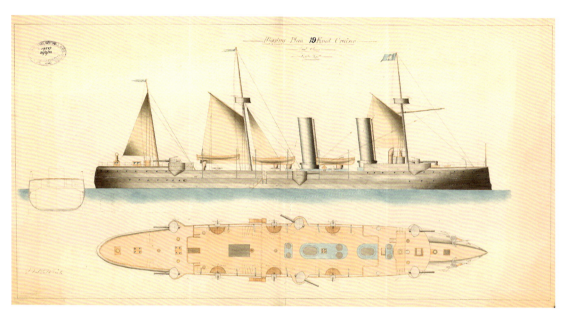

图5　"道加里"型巡洋舰帆樯图，推测为阿姆斯特朗公司向丹麦推销时提供的图纸
（来源：丹麦国家档案馆）

上的提升，并取得了 12% ～ 15% 的经济性。"[2] 在后来的试航中，"道加里"号创下了 19.66 节的惊人航速，成为当时世界上最快的巡洋舰。

"致远"级与"道加里"号的舰体对比情况可从以下两表得知（表1、表2）：

表1　"致远"级与"道加里"号舰体主尺度比较[3]

	柱间长	型宽	型深	舯部吃水
"致远"	250 英尺	38 英尺	21 英尺	16 英尺
"道加里"	250 英尺	37 英尺	20 英尺 6 英寸	14 英尺 6 英寸

可见，二者长度完全一致，而"致远"级在宽度、深度和吃水方面较"道加里"号略有增加。

表2　"致远"级与"道加里"号舰体重量分布比较[4]

	舰体与舾装件	设备	武备	轮机	载煤	总重
"致远"	1275.8 吨（55.0%）	136.0 吨（5.9%）	209.2 吨（9.0%）	500.0 吨（21.5%）	200.0 吨（8.6%）	2321 吨
"道加里"	1005.2 吨（49.0%）	136.0 吨（6.6%）	143.0 吨（7.0%）	608.5 吨（29.6%）	160.0 吨（7.8%）	2052.7 吨

　　可见，"致远"级是在"道加里"号的基础上增大了舰体，增强了武备，增加了载煤量，并适当精简了动力系统（也导致了航速的下降）而成的一型巡洋舰。

舰体概貌 [5]

　　"致远"级巡洋舰为钢制，柱间长 250 英尺，全长 267 英尺，型宽 38 英尺，型深 21 英尺，艏吃水 14 英尺，艉吃水 16 英尺。该型巡洋舰线型优美，舰艏为撞角艏，前部两舷外飘明显，水线以下部分呈深 V 形；艉部线型饱满，为圆艉型，并设计有舭龙骨；后部有较长的艉鳍，双螺旋桨，艉舵为不平衡舵，舰艉为巡洋舰艉。《英国海军情报部报告》（Admiralty Intellegence Department Report）称其有着"修长俊秀的外形"（long rakish appearance）[6]。

　　"致远"级是典型的艏艉楼型巡洋舰，甲板和舱室布局也可以从一般的艏艉楼巡洋舰布局中推知。"致远"级甲板共分为 4 层，最上一层为艏楼甲板（forecastle）和艉楼甲板（poop），次一层为主甲板（main deck），再下一层为下甲板（lower deck），也即防护甲板（protective deck），最下层为底舱夹层（platform deck）和底舱（hold）。其中舰艏部主甲板距水线 6 英尺 3 英寸，装甲甲板中部平段高出水线约 1 英尺，两侧倾斜段最低点低于水线约 18 英寸。装甲甲板平段厚 2 英寸，倾斜段厚 4 英寸，还有防护舱口的倾斜装甲，在同时代的防护巡洋舰中防御能力较为突出。"致远"级还有纵贯全舰的双层船底，水下防御能力也较强（图 6、图 7）。

　　"致远"级除艏柱和艉柱外，另有肋骨 249 根，每根肋骨间距为 2 英尺。该级舰的纵向分舱情况可以从保存在日本东京大学平贺让档案中的一张简图中得知 [7]。其前部舱段长 72 英尺（89 号肋骨到艏柱），包括贮备品库房、锚链舱、前部弹药库、主炮液压机舱等舱室，其中前部弹药库长 22 英尺（89 号肋骨到 100 号肋骨）；前部煤舱长 4 英尺（87 号肋骨到第 89 号肋骨）；随后的 2 个锅炉舱各长 30 英尺（57 号肋骨到 72 号肋骨，72 号肋骨到 87 号肋骨），外部均有煤舱包覆；后部煤舱长 8 英尺（53 号肋骨到 57 号肋骨），外部也有煤舱包覆；后部舱段长 58 英尺（艉柱到 29 号肋骨），包括舵机舱、储备品库房、后部弹药库等舱室，其中后部弹药库长 24 英尺（17 号肋骨到 29 号肋骨）。整个防护甲板以

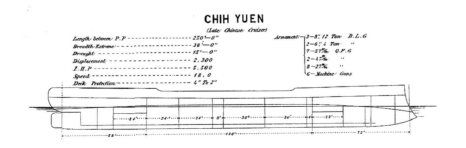

图 6 "致远"级纵剖简图

（来源：日本东京大学平贺让档案）

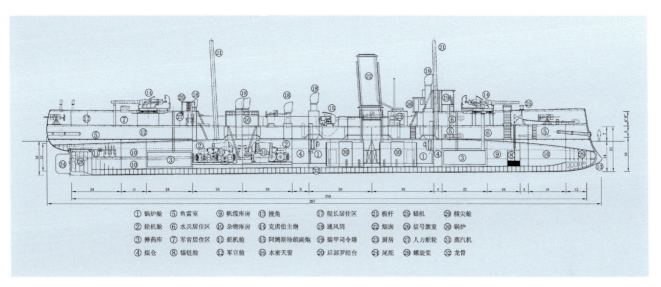

图7 "致远"级纵剖推测图

（来源：刘炬赫绘，收录于张黎源著《泰恩河上的黄龙旗》，生活·读书·新知三联书店，2020年，第313页）

下被划分为60～70个水密隔舱。

"致远"级的下甲板根据艏艉楼型巡洋舰布局的一般规律，前部为水兵住舱住舱、前部和中部鱼雷室；中部为烟囱竖井、轮机舱舱口等，以及鱼雷检修室、技工车间等技术舱室，两侧布置煤舱；后部为军官、管轮住舱和后部鱼雷室。水兵住舱铺设柚木，军官、管轮住舱以桃花心木装饰。

"致远"级的主甲板前部为艏楼内部，布置士官、水兵住舱、病房等，并有蒸汽锚机等设备，左右各有1门哈乞开斯6磅速射炮，通过射击孔向外射击。

主甲板中部为露天甲板，前部为烟囱甲板室，包括烟囱竖井及厨房，烟囱甲板室两侧与舷墙之间有门式搁艇架，用以安放2艘28英尺蒸汽舢板（steam cutter）；烟囱甲板室侧后方各有1个水泵手轮；烟囱甲板室后方为后部锅炉舱的通风筒，艏楼、烟囱甲板室与锅炉舱通风筒之间有飞桥连接（飞桥可拆卸）；后锅炉舱通风筒后是1大2小3个通风筒，估计通向前部轮机舱或下甲板的相应舱室；再向后为轮机舱天棚，呈双坡屋顶形，前后山墙面上有舱门，可沿梯下至轮机舱中。轮机舱天棚左右各有一通风筒，左前右后，分别为前后轮机舱通风之用；轮机舱天棚后方为后桅；中部主甲板最后方，艉楼甲板下方设置人力舵轮。中部主甲板两侧有中空舷墙，内部可储存吊床；舷墙外侧固定有吊艇柱，从前向后依次挂有28英尺蒸汽舢板2只，26英尺卡特艇（cutter）2只，30英尺纪格艇（gig）2只[8]。中部主甲板两侧安设有各型火炮多门，从前向后分别为：1磅哈乞开斯速射炮2门，6磅哈乞开斯速射炮2门，6英寸阿姆斯特朗炮2门（安装在舷侧耳台中），6磅哈乞开斯速射炮2门，10管格林机关炮（或译加特林机枪）2门，1磅哈乞开斯速射炮2门。

主甲板后部为艉楼内部，为沙龙、餐厅、舰长及军官住舱等，舰长住舱内左右两侧各有 1 门 6 磅哈乞开斯速射炮，通过射击孔向外射击。

艏楼甲板最前端可固定 1 门格林机关炮（用以在停泊时防御鱼雷艇），之后是各种锚缆设备。"致远"级装备有 2 只 35 英担的海军锚（admiralty pattern anchor），1 只 12 英担的辅锚和 1 只 6 英担的辅锚，共备有 270 节 15/8 英寸直径的锚链；锚甲板后方为双联 21 厘米克虏伯前主炮塔；主炮塔后为装甲指挥室，"致远"级的装甲指挥室截面为椭圆形，内部尺寸为 6 英尺 6 英寸 ×5 英尺 6 英寸，地板面积共 29.26 平方英尺，空间较为局促。指挥塔地板垫高，距离艏楼甲板 6 英尺 3½ 英寸。指挥塔装甲及后部围壁装甲厚 3 英寸，底部设有 1 英寸厚的装甲管道，一直通到防护甲板层，保护通语管、液压管、电线等设备，指挥塔总重 6.75 吨。"致远"级的指挥塔内除液压舵轮、车钟等设备外，还装备有一套阿姆斯特朗公司发明的舰内通讯系统，为此中国支付了 400 英镑的专利费。这套系统构成如下：舵轮前方设置有一个全舰火炮瞄准状态指示装置，由枪炮军官负责；左侧则为通语管和传令钟，枪炮军官以此与炮位上的军官进行交流，并纠正其瞄准中的错误，随后他可以下令同舷火炮齐射或单独发射。舰上的所有其他战位也通过此系统与指挥塔连接，包括鱼雷管在内，因此指挥塔内的军官也可以直接操控发射舰艉鱼雷。

指挥塔顶部为露天罗经舰桥，上有罗经、车钟、液压舵轮等航海设备，以及左右各 1 具直径 60 厘米、25000 支烛光的曼金（Mangin）式探照灯，"电光巡灯照远二十海里"[9]，"致远"级共有 3 座维多利亚（Victoria）式电刷发电机，以 3 座托尔（Tower）式球形发动机驱动，设置在一个单独的隔舱中；一座发电机专门供给探照灯，另两座供应全舰电灯；全舰共有 230 盏（一说 150 盏）电灯，均为斯旺·埃德加（Swan-Edgar）式，每盏 16 支烛光。指挥塔后方艏楼甲板上还布置有前桅、前锅炉舱通风筒、信号旗室等。其中信号旗室是应北洋水师总查琅威理（William Metcalfe Lang）的要求增加的，为指挥塔的后部钢板所保护，管旗军官可以在此处安全地整备、悬挂信号旗。艏楼甲板后方两侧还各有 1 门 3 磅哈乞开斯速射炮。

艉楼甲板前端为一标准罗经台，两侧各布置 1 门 1 磅哈乞开斯速射炮；罗经台后方为单联 21 厘米克虏伯后主炮塔；舰艉甲板上也可安装 1 门 10 管格林机关炮；舰艉还设有收放 1 只 15 英尺定纪艇（dinghy）的吊杆。

"致远"级的前后 2 根桅杆均设有战斗桅盘，前桅盘安装有 2 门 1 磅哈乞开斯速射炮，后桅盘上安装 2 门 10 管格林机关炮。两根桅杆均可悬挂三角帆与纵帆（图 8、图 9）。

根据保存在英国国家海事博物馆（National Maritime Museum）、巴罗·因弗内斯坎布里亚档案馆（Cambria Archive Service，Barrow-in-Furness）和纽卡斯尔探索博物馆（Newcastle Discovery Museum）保存的"致远"级设计早期的原厂模型照片来看[10]，该舰在设计之初至少与建成状态有以下一些差异：

图 8　"致远"舰原厂模型照片其一
（来源：巴罗·因弗内斯坎布里亚档案馆）

图 9　"致远"舰原厂模型照片其二
（来源：英国国立海事博物馆）

模型上前主炮塔前方有较高的防浪板，建成状态没有。

模型上没有信号旗室，建成状态有（琅威理要求增加）。

模型上没有后部罗经平台，罗经直接放置在艉楼甲板上，建成状态有罗经平台。

模型上舢板为 2 艘蒸汽舢板、3 艘纪格艇、1 艘定纪艇，建成状态为 2 艘蒸汽舢板、2 艘卡特艇、2 艘纪格艇、1 艘定纪艇（琅威理要求增加）。

动力系统 [1]

"致远"级的动力系统由 4 座圆柱形海军型锅炉（navy type boilers）和 2 座卧式三涨蒸汽机组成（图 10）。

"致远"级的锅炉为 4 个直径 11½ 英尺，长度 18 英尺的海军型锅炉（直焰锅炉，direct tube boiler），总重量 260 吨，分别布置于 4 个独立的锅炉舱中（图 11）。锅炉的工作压力为 135 磅/平方英寸。每个锅炉有 3 个钢制炉膛，直径为 3 英尺 8 英寸，以及 442 条烟管，直径为 2½ 英寸，长度为 5 英尺 8 英寸。每块炉箅宽 3 英尺 8 英寸，长 7 英尺 4 英寸，每个锅炉的炉箅面积为 80½ 平方英尺，受热面积为 2281 平方英尺。每个锅炉舱与 1 个大通风筒连通，通风筒末端安装有强压通风使用的风扇。

"致远"级烟囱截面长 8 英尺 5 英寸，宽 6 英尺 3 英寸，高度从炉箅平面起算为 50 英尺 10 英寸。

"致远"级的三涨式蒸汽机分别安装在前后两个轮机舱中（图 12、图 13），任何一个锅炉都可直接驱动任何 1 座或 2 座轮机，这种锅炉——轮机间的切换可以在航行时进行，因此在数座锅炉损失的情况下也能由剩余的锅炉驱动轮机继续航行。据称因水密门位

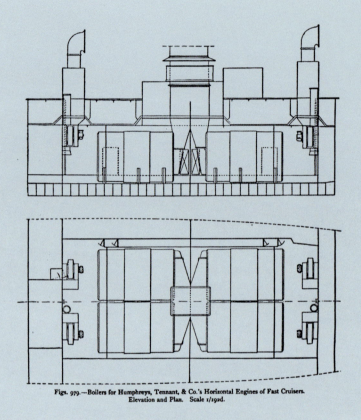

Figs. 979.—Boilers for Humphreys, Tennant, & Co.'s Horizontal Engines of Fast Cruisers. Elevation and Plan. Scale 1/192d.

图 10 "致远"级锅炉舱纵剖、平面图

（George Thurston: The Steam Engine. Blackie & Son Ltd, 1891, P. 690）

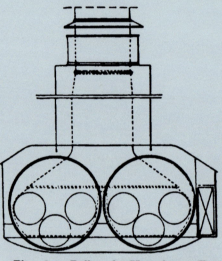

Fig. 980.—Boilers for Humphreys, Tennant, & Co.'s Horizontal Engines of Fast Cruisers. End Elevation. Scale 1/192d.

图 11 "致远"级锅炉舱横剖图

（George Thurston. The Steam Engine. Blackie & Son Ltd, 1891, P. 691）

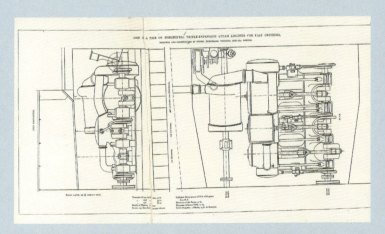

图 12 "致远"级轮机舱纵剖、俯视图

（George Thurston. The Steam Engine. Blackie & Son Ltd, 1891, PP. 686-687）

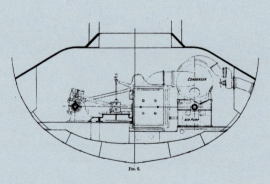

图 13 "致远"级轮机舱横剖图（海军型蒸汽轮机）

置太低，两个轮机舱之间沟通较为不便。蒸汽机为伦敦亨弗利斯·泰南特公司（Messrs. Humphrys，Tennant & Co.）制造，总重量 200 吨，有高压、中压、低压 3 个汽缸，直径分别为 30 英寸、44 英寸与 68 英寸，活塞冲程为 3 英尺，汽缸面积比为 1 ∶ 2.15 ∶ 5.14；前两个汽缸中心轴间距为 4 英尺 4 英寸，后两个汽缸直径为 5½ 英尺；三个汽缸紧密贴合，高压与低压汽缸的滑阀室位于其外侧，中压汽缸的滑阀室位于其顶部；三个汽缸的活塞杆直径均为 6 英寸，连杆长度为 6 英尺；曲轴直径为 12 英寸，被 4 个轴承所支撑，其中高压汽缸两侧的轴承长 17 英寸，低压汽缸两侧的轴承长 24 英寸；曲柄销直径为 12½ 英寸，长度为 12 英寸。曲柄销和曲轴均为中空，内径 5 英寸。螺旋桨轴为中空，外径 11 英寸，内径 6 英寸，两个桨轴间距 17½ 英尺。

冷凝器材质为青铜，呈圆柱形，壁厚 3/8 英寸，外径为 5¼ 英尺，两个凝水管基板间距为 7 英尺。一个冷凝器有 2627 根凝水管，凝水管外径 ¾ 英寸，壁厚 0.05 英寸。冷凝蒸汽的海水由一个直径 3 英尺的离心泵进行循环。底部有一个直径 21 英寸的空气泵，连接到低压汽缸活塞上，抽取冷凝器内的凝结水与空气。

"致远"级的轮机在指示马力 6000 匹时，每分钟转速为 135 转，活塞行程为 810 英尺。在常压条件下，马力为 2733 匹；强压通风（2 英寸水柱压力）条件下，马力可达到 6892 匹。设计常压条件航速为 15 节，强压通风航速为 18 节。

"致远"级的螺旋桨直径为 13 英尺，桨距为 17 英尺，每个螺旋桨有 3 片桨叶，桨叶斜度为 17.5%，桨叶面积为 48 平方英尺，桨盘面积为 132.7 平方英尺，桨盘面积比为 0.362。

"致远"级正常载煤 200 吨，满载煤量 430 吨（又有记载为 450 吨、520 吨），在 15.6 节航速下 200 吨煤可航行 840 海里（54 小时），430 吨煤可航行 1820 海里（117 小时）；在 10 节航速下 200 吨煤可航行 4150 海里（415 小时），430 吨煤可航行 8900 海里（890 小时）。以经济航速航行每日耗煤 18 吨。

武器系统 [12]

"致远"级的武器系统包括火炮、鱼雷和撞角等。在怀特的最初设计中，主炮（图 14）、副炮配置与"济远"级完全相同（前部 21 厘米双联主炮两座，后部单联 15 厘米 /6 英寸副炮一座），但后来进一步修改了设计，增加了 1 门 21 厘米炮和 2 门 15 厘米炮，以及各种速射炮、机关炮等，因此两艘"致远"级舰总价由 285000 镑涨为 364110 镑 [13]。

修订设计后的"致远"级火炮系统包括 1 座双联装 21 厘米口径克虏伯前主炮，1 座单装 21 厘米口径克虏伯后主炮，2 座单装 6 英寸阿姆斯特朗侧舷炮，8 门 6 磅哈乞开斯速射炮，2 门 3 磅哈乞开斯速射炮，8 门 1 磅哈乞开斯速射炮，以及 6 门加特林（Gatling）10 管机关炮；鱼雷管为 4 具 14 英寸刷次考甫鱼雷（Schwartzkopff torpedo）发射管。

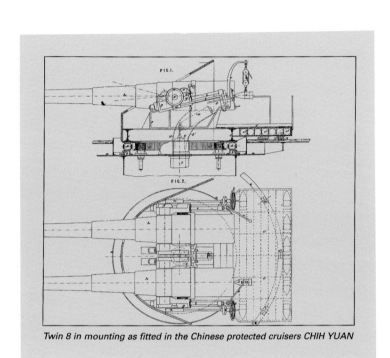

Twin 8 in mounting as fitted in the Chinese protected cruisers CHIH YUAN

图14 "致远"级主炮设计原图（图上绘制的仍是阿姆斯特朗式火炮）

（Peter Brook. Warships for Export: Armstrong Warships, 1867–1927. World Ship Society, 1999）

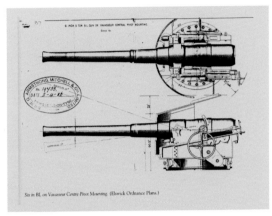

图15 "致远"级副炮图纸

（张黎源：《泰恩河上的黄龙旗》，生活·读书·新知三联书店，2020年，第323页）

　　"致远"级主炮为克虏伯21厘米口径后膛炮，与"济远"级、"经远"级装备的主炮相同，一座双联装炮塔安装在艏楼甲板上，炮口距离水线约19英尺；一座单装炮塔安装在艉楼甲板上。火炮身管为35倍径，长24英尺，重12.8吨[14]。配备通常榴弹（common shell）45发、钢榴弹（steel shell）15发、榴霰弹（shrapnel shell）15发、盒弹（case shell）6发、穿甲弹（steel shot）69发，共计备弹150发，平均每门炮备弹50发。其中钢铁榴弹重308.6磅，发射药重99磅，炮口初速为1804英尺，炮口穿甲深度为18.3英寸，炮口动能为6971英尺吨。

　　"致远"级副炮为阿姆斯特朗6英寸后膛炮（图15），安装在主甲板中段的左右舷侧耳台中，炮口距离水线约10英尺。火炮身管为35倍径，重4.75吨。炮弹重100磅，发射药重50磅。

　　21厘米主炮和6英寸副炮均安装在新颖的瓦瓦苏尔式中心枢轴炮架上（Vavasseurcentre pivot mounting）。这种炮架的原理是利用液压筒吸收火炮后座时的动能：上炮架两侧各固定一个液压筒，下炮架与液压筒中的活塞相连（左侧活塞杆在后，右侧活塞杆在前），活塞头上有一个圆片，可绕液压筒内壁的来复线转动，活塞头和圆片上设有错开的缺口；在火炮后座过程中，上炮架带动液压筒后退，左侧活塞头插入液压筒中，右侧活塞头抽离液压筒，左侧液压筒内的液体通过管路流入右侧液压筒，同时两个活塞上的圆片绕来复线转

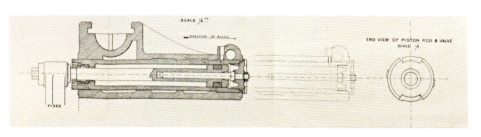

图 16　瓦瓦苏尔炮架的液压驻退管和活塞头

（张黎源：《泰恩河上的黄龙旗》，生活·读书·新知三联书店，2020 年，第 323 页）

动，缺口逐渐闭合，最终液体因无法流动而终止后座。当后座结束后，炮身在自身重力的作用下复进。在这一过程中，火炮的后坐力转化为液体在液压筒壁上的压力。这种独特的设计使得火炮的后座行程在不同的装药量情况下基本一致，并且整个后座行程比较平稳，炮手还可以在火炮后座过程中持续操瞄（图 16）。

"致远"级前主炮还采用了液压旋回系统，液压机安装在防护甲板下方的液压机舱里。双联前主炮中央有一个液压弹药提升装置，"水力机器并可用以由药房取弹子及火药至炮处，且可装运钢筒，自穹甲舱面通至前高舱，于交战时应用火药、弹子可由筒内运至炮处"[15]。后主炮以人力旋回，但也有液压弹药提升装置。前后 21 厘米炮炮盾厚度均为 2 英寸，前部炮塔后部还有供战时安放弹头的储弹格（每门炮储弹 14 发）和提弹吊臂。前后主炮均备有电气夜间操瞄装置，这在当时的军舰上是绝无仅有的。

6 英寸副炮最大仰角为 20 度，最大俯角为 7 度，炮身位干炮架最低点时炮身中轴线距离主甲板 44 英寸，上炮架的后座行程长 24 英寸。炮盾厚度也为 2 英寸。

21 厘米主炮射界为从船体龙骨线起算左右各 135 度，6 寸副炮射界为垂直龙骨线左右各约 80 度。

"致远"级在琅威理的建议下安装了电控火炮齐射系统，价格为 2200 镑[16]。在火炮试验中，"致远"舰曾以主炮进行电控齐射试验，在 1.6 秒与 3.8 秒的时间里分别进行了一次强装药的射击，在齐射中，舰体会有 7 至 10 度的倾斜，但对舰体结构并没有造成任何影响，舰上的电灯也几乎没有变暗。但《英国海军情报部报告》也指出，"致远"级的主炮过于暴露，尤其是前主炮塔将成为明显的目标。在高速航行时主炮可能无法操纵，即便是在静水中，前部鱼雷管造成的兴波也会严重妨碍主炮的射击。6 英寸副炮则位置过低，易于进水。

"致远"级还有数量众多的小口径火炮。8 门 6 磅哈乞开斯速射炮均布置在主甲板层：艏楼内左右各 1 门，舰体中段舷墙内左右各 2 门，艉楼内左右各 1 门。这种速射炮口径为 57 毫米，身管长 8 英尺 3 英寸，为 40 倍径，重 805 磅，安装在有液压驻退管和弹簧复进机的速射炮架上，可发射 6 磅的钢榴弹或通常榴弹。

2 门 3 磅哈乞开斯速射炮布置在艏楼甲板装甲指挥塔的两侧。这种速射炮口径为 47 毫米，身管长 6 英尺 8 英寸，为 40 倍径，重 507 磅。可发射 3.32 磅的钢榴弹或通常榴弹，可以作为舷板炮使用。

8 门 1 磅哈乞开斯速射炮的位置为：前桅战斗桅盘内 2 门，中段舷墙内左右各 2 门，舰楼甲板上左右各 1 门，其中舰楼上的 2 门在海战中会妨碍后主炮的射击，因此须被拆除。这种速射炮口径为 37 毫米，身管长 2 英尺 9 英寸，为 17 倍径，重 72.7 磅。可发射 1.11 磅的钢榴弹或 1 磅的通常榴弹，可以作为舷板炮使用。

6 门 10 管格林机关炮的位置为：后桅战斗桅盘内 2 门，中段舷墙内左右各 1 门，另 2 门安装在舰艏和舰艉的炮架上，海战时须拆除。这种机关炮口径为 0.45 英寸，身管长 4 英尺 11 英寸，炮身重 444 磅，可发射 1 磅的铅弹。"致远"级装备的是较新式的 1886 式格林炮，采用阿克尔（Accle）式弹夹供弹，在炮管外有水冷套筒设计。

"致远"级装备有 4 具 14 英寸刷次考甫鱼雷管，均安装在下甲板层。舰艏鱼雷管固定安装在舰艏水线偏上的位置；舰艉鱼雷管固定安装在舰长住舱以下的舰艉中线位置，可以在舰长室中以电控发射；两具舷侧鱼雷管安装在舰体偏前方的左右舷侧，射角为从垂直龙骨线起算向舰艏方向 45 度，在正上方位置的主甲板层有 2 个鱼雷瞄准窗口。鱼雷管的发射气压为 90 至 150 磅每平方英寸。1884 式 14 英寸刷次考甫磷铜鱼雷长 14.5 英尺，射程约 400 码，航速 22 节，战斗部为 45 磅的湿棉火药。"致远"级共备雷 12 枚。

此外，"致远"级还配有马蒂尼·亨利步枪 40 支，左轮手枪 15 支等轻武器。

总的来说，"致远"级巡洋舰虽然参照了"济远"级的标准，但通过怀特匠心独运的设计，在航速、武备、防护、续航力等诸多方面均超越了后者，因此阿姆斯特朗公司的副总经理安德鲁·诺布尔（Andrew Noble）称其为"同级别、同排水量的军舰中最强大者"[17] 也并非吹嘘之词。在北洋海军的主力舰中，"致远"级技术先进、航速超群、火力强大，堪称最为耀眼的新星。英国《陆海军公报》（Army and Navy Gazette）曾如此评价"致远"级："虽然这不啻为一种耻辱，但事实是琅威理提督指挥下的中国舰队中的两艘巡洋舰结构之新颖性超过了我们同级别的任何军舰。在航速这一点上，这两艘埃尔斯维克公司建造的无装甲军舰无法被我们的任何快速巡洋舰追上。她们的航速接近 19 节。她们火炮的旋回性能和操作性能极为迅捷，当在朴次茅斯鸣礼炮时，火炮在射击间隙几乎没有时间进行擦拭，两门舰艏炮尤其是连续怒吼不停。"[18]

但"致远"级终究只是一型小型防护巡洋舰，虽然中国方面对其寄望颇高，怀特在设计时也煞费苦心，然而囿于排水量、吃水深度等指标的限制和经费的掣肘，这型军舰远不可能做到完美，最受诟病的一点就是其配备的火炮过重，而如此小的舰体绝非重型火炮的良好射击平台（相比于"致远"级齐射造成 7 至 10 度的倾斜，"经远"级主炮发射仅会造成 1.5 度的倾斜）[19]。在之后的小型防护巡洋舰设计中，阿姆斯特朗公司开始转向配备 6 英寸以下的速射炮，只有在部分 3000 吨以上的巡洋舰上才会安装 8 英寸炮。"致远"级应中方的要求，在增强了火力的同时精简了动力系统，令其航速甚至不如母型"道加里"号巡洋舰，这显然有悖于阿姆斯特朗公司一贯的"航速至上"原则，因此"致远"级在"埃尔斯维克巡洋舰"的大家族中，也注定了是一个异类。

注释

[1] Frederic Manning. The Life of Sir William White. E. P. Dutton & Co., 1923, pp. 129-139.

[2] Elswick Cruisers, Philip Watts. Transactions of the Institution of Naval Architects, volume XLI, 1899, p.304.

[3] George Thurston papers, National Maritime Museum MSS/72/017.

[4] George Thurston papers, National Maritime Museum MSS/72/017.

[5] 本节主要参考《槐特论造新舰说帖》，见《清代外务部中外关系档案史料丛编——中英关系卷（第五册）》，中华书局，2008 年，第 208-218 页；George Thurston papers, National Maritime Museum MSS/72/017；China War Vessels and Torpedo Boats. Admiralty Intelligence Department, 1891；巡洋舰纵剖对比图，平贺让档案，日本东京大学，资料番号 2158。The Illustrated London News, Sept. 17th, 1887；等等。

[6] China War Vessels and Torpedo Boats. Admiralty Intelligence Department, 1891, p.46.

[7] 怀特所谓"致远"级"共有十横隔舱"，估计指前部库房 2 隔舱、前弹药库隔舱、前后锅炉舱、前后轮机舱、后弹药库、后部库房、舵机舱。见《槐特论造新舰说帖》，《清代外务部中外关系档案史料丛编——中英关系卷（第五册）》，中华书局，2008 年，第 210 页。

[8] George Thurston papers, National Maritime Museum MSS/72/017. 该档案中记录"致远"级载有 2 艘 28 英尺纪格艇，但根据海军史学者刘烜赫先生使用 3D 模型摄像机匹配技术判断，纪格艇长度应为 30 英尺。

[9] 朵思谛：《航海琐记》，吉辰译注：《龙的航程——北洋海军航海日记四种》，山东画报出版社，2013 年，第 96 页。

[10] 英国国立海事博物馆的照片号为 N46982，坎布里亚档案馆的照片号为 BDB 16/L/1907，探索博物馆的照片号为 J8219。

[11] 本节主要参考 Pair of Horizontal Triple-Expansion Marine Steam Engines for Fast Twin-Screw Cruisers Designed and Constructed by Messrs. Humphreys, Tennant, & Co., London. The SteamEngine: a Treatise on Steam Engines and Boilers, Vol. IV, Daniel Kinnear Clark. Blackie & Son Ltd., pp. 686-691；George Thurston papers, National Maritime Museum MSS/72/017；China War Vessels and Torpedo Boats. Admiralty Intelligence Department, 1891。

[12] 本节主要参考 China War Vessels and Torpedo Boats. Admiralty Intelligence Department, 1891；The Illustrated London News, Sept. 17th, 1887；薛福成：《出使英法义比四国日记》，岳麓出版社，1985 年；等等。

[13] 薛福成：《出使英法义比四国日记》，岳麓出版社，1985 年，第 195 页。

[14] China War Vessels and Torpedo Boats. Admiralty Intelligence Department, 1891, p.9.

[15] 《槐特论造新舰说帖》，《清代外务部中外关系档案史料丛编——中英关系卷（第五册）》，中华书局，2008 年，第 213 页。

[16] 《李鸿章全集》（电报二），安徽教育出版社，2008 年，第 210 页。

[17] The Times, Dec. 15th, 1886.

[18] Modern Ships of War, Edward James Reed and Edward Simpson. Happer & Brothers, 1888, p. 244.

[19] 《申报》1888 年 4 月 14 日。

致远舰上加特林机枪的材性及其腐蚀状况分析

田兴玲　贾政

中国文化遗产研究院文物保护修复所

前言

致远舰遗址（曾命名"丹东一号"沉船）地处黄海北部、丹东市东港西南约 50 千米的海上，曾为 1894 年甲午海战时的交战海区。在历经 2014 ～ 2016 年三个年度的调查后，通过翔实、科学的考古调查，确认沉舰身份及海中保存现状。

通过清理，水下文物共发现 400 余件 / 套，含 70 多个种类，涉及船上构件、武器、个人物品三大类。武器装备包括 210 毫米炮管残件、6 英寸 152 毫米炮弹、57 毫米炮弹、47 毫米炮弹、37 毫米炮弹、加特林机枪子弹、毛瑟枪子弹等。从数量占比而言，以 57 毫米炮弹、37 毫米炮弹、加特林机枪弹、毛瑟枪子弹较多，与上述四种武器配置较多有关。此外还发现多枚马蒂尼·亨利步枪子弹、左轮手枪子弹等武器，涵括"致远舰"所有的武器配备。个人物品包括茶杯、鞋底、皮带、木梳、鼻烟壶、印章等。船上构件包括锅炉配件、舷窗、铜牌、电灯罩、衣帽钩、铜锁、木滑轮、煤炭与木质船板等等。其中左舷后部未过火处，除了发现两个带"致远"篆书的瓷盘附近，还发现堆积散乱的木材。

其中 11 毫米 10 管加特林机枪，海战时致远舰上装备有 4 门。本次发现的机枪与托架在水下已分离，呈倒覆状态，枪管前端有一处明显的凹陷，可能为高处跌落磕碰所致。由于致远舰长期埋藏于海泥中，在饱受海流的冲刷、激荡、侵蚀海水的浸泡和海底生物的噬食以及多种破坏因素的直接作用下，导致机枪表面被凝结物覆盖，且枪管内填满了凝结物和锈蚀产物（图 1、图 2）。

图 1　加特林机枪在水下时的状态　　　　图 2　加特林机枪打捞出水时的状态

这些凝结物和锈蚀产物的形成，与海水为天然的强电解质溶液在关。海水含有生物、悬浮泥沙、溶解气体、腐烂有机物和多种盐类，海水中最普通的成分有氯离子、钠离子、硫酸盐、镁离子、钙离子、钾离子，并且含量依次呈递减的趋势，它们占海水中盐分的99% 之多 [1, 2]。机枪在长期的海洋环境中发生了腐蚀，且影响其腐蚀的因素有很多，生物、物理、化学和区域因素都扮演着一定的角色 [3~6]。综合因素导致其腐蚀机理及腐蚀产物不仅与其所处的区域和含氧情况有关，还与其腐蚀产物的种类、性质也各有特点 [7~10]。国外针对出水铜器采用了许多相关的科学分析手段，并得出了重要的分析结论 [11~15]。

但针对致远舰上的铜器的凝结物及其腐蚀情况的分析，需要结合其保存环境特点，从外因和内因的角度综合研究其腐蚀特点，探求其腐蚀原因。为此，中国文化遗产研究院文物保护修复所实验室采用科学的分析手段对机枪材性及腐蚀进行了分析和检测，结合考古信息初步探讨了其制造工艺，以期为加特林机枪保护方案的制定提供科学依据。

1. 取样分析

样品为 2014 年水下考古调查提取出水的加特林机枪及其炮架上的凝结物和腐蚀产物。取样位置如图 3 所示。

从图 3 可见，致远舰加特林机枪表面分布有微生物遗骸、红棕色凝结物及灰色凝结物，且有析盐现象出现。

2. 实验结果与讨论

2.1 凝结物分析

在出水器物中，铜器最多，而铜器中以加特林机枪表面的凝结物最具代表性。由图 3 可见，铜器表面包裹了一层凝结物，且不同位置凝集物的硬结情况和色彩不同，为此，在加特林机枪的选取了三种典型凝结物，采用 Hitachi S-3600N 扫描电子显微镜及美国 EDAX 公司 Genesis 2000XMS 型 X 射线能谱仪对样品进行微观形貌分析和微区化学成分分析。分析结果见表 1。

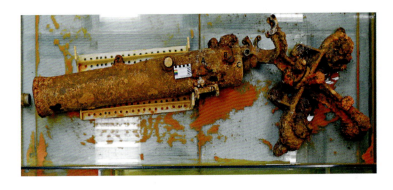

图3 加特林机枪表面取样位置

表 1　加特林机枪表面凝结物的微观形貌与元素组成分析

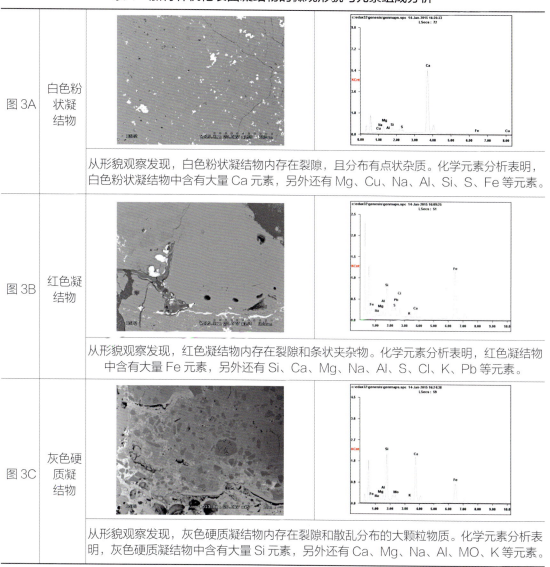

图 3A	白色粉状凝结物		
		从形貌观察发现,白色粉状凝结物内存在裂隙,且分布有点状杂质。化学元素分析表明,白色粉状凝结物中含有大量 Ca 元素,另外还有 Mg、Cu、Na、Al、Si、S、Fe 等元素。	
图 3B	红色凝结物		
		从形貌观察发现,红色凝结物内存在裂隙和条状夹杂物。化学元素分析表明,红色凝结物中含有大量 Fe 元素,另外还有 Si、Ca、Mg、Na、Al、S、Cl、K、Pb 等元素。	
图 3C	灰色硬质凝结物		
		从形貌观察发现,灰色硬质凝结物内存在裂隙和散乱分布的大颗粒物质。化学元素分析表明,灰色硬质凝结物中含有大量 Si 元素,另外还有 Ca、Mg、Na、Al、MO、K 等元素。	

　　为了确定加特林机枪表面凝结物的化学组成,采用日本理学 RINT2000 X 射线衍射仪对其进行了 XRD 分析,结果见表 2。

　　表 2 分析可见,加特林机枪表面白色粉状物为 $CaCO_3$(石灰);红色凝结物为 $FeFe_2O_4$(铁酸亚铁)和 $FeO(OH)$(碱式氧化亚铁),分别为磁铁矿和针铁矿的主要成分,其中 Fe 主要来自沉船及其铁器的腐蚀;灰色硬质凝结物为 SiO_2(石英)和 NaAlSi(钠长石)。

2.2　析出盐

　　从图 3 加特林机枪表面析出的少量白色颗粒,进行 SEM 和 XRD 分析,结果见表 3。

表 2　加特林机枪表面凝结物的化学组成分析

图 3A	加特林机枪表面白色粉状物	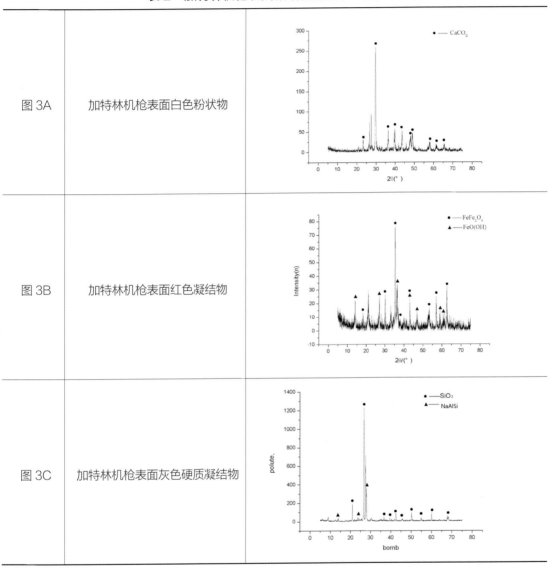
图 3B	加特林机枪表面红色凝结物	
图 3C	加特林机枪表面灰色硬质凝结物	

表 3　加特林机枪表面析出的白色颗粒分析

图 3D	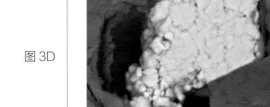	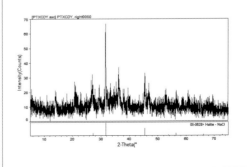

从表 3 可见，微观观察白色盐颗粒呈团絮状。从其 XRD 结果表明，此白色颗粒为 NaCl。应该是海水浸泡过程中，海水中的 NaCl 渗入加特林机枪凝结物微型裂隙处。在环境变化后，随着水分迁移到了加特林机枪表面。

2.3　基体材性和腐蚀产物

铜器表面大多呈绿色，选择紧靠加特林机枪基体的凝结物，在去除时整体剥落。肉眼观察可以看到其表面色泽与基体一致。为深入开展研究工作，分别采用扫描电子显微镜及 EDS（扫描电镜能谱分析仪）对样品（图 3E 位置）进行微观形貌分析及微区化学成分分析（图 4 和表 4），以了解加特林机枪的基体信息。

从图 4 可见，加特林机枪凝结物表面凹凸不平，且分布有不规则的深色物质。对比肉眼观察结果，这些深色物质应是基体表层的腐蚀产物。

从表 4 分析可见，靠近基体的凝结物内除最主要含 Cu 元素外，按含量依次递减排列，主要含有 S、Sn、Ca、Mg、Fe、Si 等元素。可见，该基体为锡青铜。其中 Cu ∶ Sn=7.98，介于 6 ～ 9 之间，属于铸造锡青铜的范围（用于压力加工的锡青铜含锡量低于 6% ～ 7%，铸造锡青铜的含锡量为 10% ～ 14%）。锡青铜是人类应用最早的合金，至今已有约 4000 年的使用历史。它耐蚀、耐磨，有较好的力学性能和工艺性能，并能很好地焊接和钎焊，冲击时不产生火花。锡青铜是铸造收缩率最小的有色金属合金，可用来生产形状复杂、轮廓清晰、气密性要求不高的铸件。锡青铜在大气、海水、淡水和蒸汽中十分耐蚀，广泛用于蒸汽锅炉和海船零件。这也许就是致远舰上的加特林机枪采用该材质的原因。

分析图 4a 的 EDS 结果发现，此处含 Ca 元素较高，与白色粉状凝结物的结果类似（见

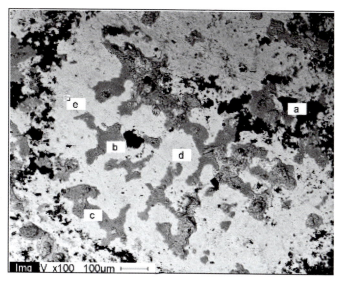

图 4　带有基体信息的凝结物 SEM 照片（图 3E 位置）

表 4　图 4 不同位置的 EDS 分析结果

部位	Element	Wt%	At%
整体	MgK	02.16	04.98
	SiK	00.46	00.92
	SK	10.38	18.10
	SnL	08.94	04.21
	CaK	05.82	08.12
	FeK	00.91	00.91
	CuK	71.32	62.75
a	MgK	06.57	11.34
	SiK	00.37	00.56
	SK	03.02	03.96
	SnL	00.69	00.24
	CaK	64.20	67.21
	FeK	01.04	00.78
	CuK	24.10	15.91
b	MgK	06.45	15.61
	SiK	00.55	01.14
	SK	08.31	15.26
	SnL	25.72	12.76
	CaK	01.11	01.64
	FeK	01.09	01.15
	CuK	50.53	46.82
	ZnK	06.25	05.63
c	MgK	05.75	16.04
	SiK	00.93	02.23
	SK	03.70	07.81
	SnL	46.06	26.30
	CaK	01.73	02.92
	FeK	03.52	04.27
	CuK	23.71	25.29
	ZnK	14.60	15.13

部位	Element	Wt%	At%
d	SK	11.54	20.37
	CaK	01.57	02.21
	CuK	86.90	77.42
e	SK	14.64	25.37
	CuK	85.36	74.63

表 1）。分析图 4b 的 EDS 结果，该处物质主要含有 Cu、Sn、S、Mg、Zn 等。Mg 可能来自海洋环境中的可溶盐，S 可能来自海洋环境中的腐蚀因子，导致铸造锡青铜的腐蚀。而 Zn 应属锡青铜内的夹杂物。这是因为往锡青铜中加入 Zn 元素，可以制成高气密性铸件。分析图 4c 的 EDS 结果，该处物质主要含有 Sn，相对 b 处的 Cu 含量降低，Zn 含量升高。这可能由于 Cu 与 S 结合生成腐蚀产物，流失到海洋环境中，导致了 Sn 含量升高。或由于铸造工艺中在合金边缘出现了 Sn 的逆偏析。分析图 4d 和 e 可见，此两处物质主要含有 Cu 与 S 元素，鉴于表面呈绿色，可能为 $Cu(SO_4)_2$。

2.4 内部构造探查

由于软 X 射线的能量有限，难以穿透加特林机枪及其炮架。为了探查加特林机枪及其炮架的内部结构和存在的缺陷，采用工业用的加速 X 射线探伤对其进行了深入分析。结果分别如图 5 和图 6 所示。

从图 5 可见，加特林机枪的炮管有序排布，局部有缺陷存在（黑色空洞表示能量穿透）。从图 6 可见，炮架的结构清晰，质地均匀，没有明显的缺陷，内部保存情况良好。

2.5 身份的证明

采用机械方法与化学方法相结合的方式对机枪去除凝结物和脱除盐分后，经干燥处理，机枪的照片如图 7 所示。其上面的铭牌采用激光清洗后，露出了清晰的文字，如图 8 所示；文字识别后如图 9 所示。

从清洗后的铭牌上的文字可以清晰地辨认出：加特林机枪是英国泰恩河纽卡斯尔的 W. G. 阿姆斯特朗·米歇尔有限责任公司制造，该炮已获专利权，型号为 1886 型、口径 0.45 英寸（11 毫米）、产品编号为第 4781 号。

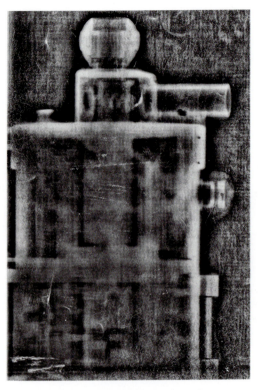

图 5　加特林机枪的内部构造

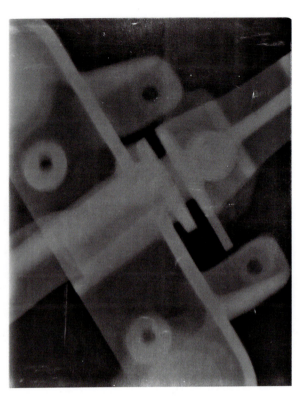

图 6　加特林机枪炮架的内部构造

图 7　加特林机枪表层凝结物去除后效果

图 8　加特林机枪上铭牌清洗后效果

图 9　铭牌上的文字识别

结论

加特林机枪表面凝结物主要存在三种类型凝结物，凝结物内都存在微型裂隙和夹杂物，主要含有 Fe、Ca、Si 等元素，另外还有 Mg、Na、Al、S、Cl、K、Pb 等元素。其中白色粉状物为 $CaCO_3$（石灰）、红色凝结物为 $FeFe_2O_4$（铁酸亚铁）和 FeO（OH）（碱式氧化亚铁）、灰色硬质凝结物为 SiO_2（石英）和 NaAlSi（钠长石）。

加特林机枪表面析出的白色颗粒为 NaCl，应来自长期浸泡的海洋环境。

致远舰出水的加特林机枪为含 Zn 的锡青铜。其中 Sn 含量较高，为铸造锡青铜。其收缩率小，且海水十分耐蚀，Zn 的加入提高了高气密性。其凝集物中主要含有 Cu、Sn、S、Mg、Zn 等。Mg 可能来自海洋环境中的可溶盐，S 可能来自海洋环境中的腐蚀因子，导致铸造锡青铜的腐蚀。

加特林机枪内部炮管排布清晰可见，有明显缺陷存在。而炮架内部结构明晰，质地均匀，保存状况良好。

通过铭牌上的文字证明，加特林机枪出产于英国阿姆斯特朗公司。该武器的制作不仅充分考虑了材料的机械性能，还结合作战环境需求充分考量了其化学性能。这也从侧面验证了致远舰在制作时期属当时最"新式"舰只的说法。

注释

[1] 金威贤、谢荫寒、靳裕康等：《海水中泥沙对铜及铜合金腐蚀的影响》，《材料保护》2001年第1期，第22、23页。

[2] David A. Scott 著，马清林、潘路译：《艺术品中的铜和青铜：腐蚀产物、颜料、保护》，科学出版社，2009年。

[3] 杨德钧、沈卓身：《金属腐蚀学（第二版）》，冶金工业出版社，2003年，第230、231页。

[4] 马久明：《金属材料在海水中腐蚀因素分析及预防措施》，《科协论坛》2010年第8期，第22–24页。

[5] 胡裕龙、张晓东、陈德斌：《两种硫酸盐还原菌对碳钢腐蚀影响的研究》，《腐蚀科学与防护技术》2007年第4期，第239–242页。

[6] 侯荣保：《海洋环境中的腐蚀问题》，《科技前沿与学术评论》1997年第4期，第72–76页。

[7] Ian Donald MacLeod. Formation of marine concretion on copper and its alloys. The International Journal of Nautical Archaeology and Underwater Exploration, 1982, 11(4): 267-275.

[8] MacLeod, I. D., Taylor, R. J. Corrosion of bronzes on shipwrecks—a comparison of corrosion rates deduced from shipwreck material and from electrochemical methods. Corrosion, 1985, 41(2): 100-104.

[9] McNeil, M. B., D. W. Mor. Sulfate formation during corrosion of copper alloy objects. In Materials Issues in Art and Archaeology, 1992(3): 1047-1053.

[10] Holm, R., E. Mattsson. Atmospheric corrosion test of copper and copper alloys in Sweden: 16 years results. In Atmospheric corrosion of Metals, 1985, pp.85-104.

[11] Campbell, H. S., D. J. Mills. A marine treasure trove: A metallurgical examination. The metallurgist and Materials Technological, 1977(9): 551-556.

[12] Scott, D. A. An examination of the patina and corrosion morphology of some Rome bronzes. Journal of the American Institute of Conservation, 1997(33): 1-23.

[13] Jennifer A. H. The Riace Bronzes: A Comparative Study in Style and Technique. B. A., University of West Florida-Pensacola, 2003, pp. 3-4.

[14] 田兴玲、李乃胜、张治国等：《"南海Ⅰ号"沉船出水铜钱的腐蚀研究》，《稀有金属材料与工程》2013年增刊2，总第42卷，第366–369页。

[15] 杨恒、田兴玲、李乃胜等：《广东"南澳Ⅰ号"明代沉船出水铜器腐蚀产物分析》，《中国文物科学研究》2012年第3期，第87–91页。

丹东海域出水铁质样品的金相组织初步分析

张治国

国家文物局考古研究中心

　　2014年3月初，丹东港集团在黄海北部的海洋红港区周边清淤，捞起数块钢板，国家文物局水下文化遗产保护中心（现更名为国家文物局考古研究中心）闻讯后，立即安排专业人员前往考察，所见板材有舰船外壳列板与工字条钢（图1），板材边沿有密集的两排铆钉孔，表明用铆钉进行接板。为确认钢材性能，中国文化遗产研究院文物保护修复所技术人员对钢材进行采样，后续开展金相分析。

　　通过对钢铁制品进行金相组织的仔细观察，可以判定器物的材质，了解制作工艺，如是铸还是锻、是否经过加热、淬火等[1]。

　　所选板材来自两块钢板的搭接件，外观表面已有红色、黑色锈层。分析样品三块，依

图1　港方清淤捞出的舰船外壳列板

次从铁板上翘起细条、薄铁片和厚铁板一角切割下 5mm 见方的小块，分别编号为 TJ1、TJ2 和 TJ3（图 2）。

用环氧树脂镶样，经打磨抛光后，用 4% 硝酸无水乙醇混合液对样品进行侵蚀，然后利用德国 Leica DM4000M 反射偏光显微镜观察其金相组织并拍摄金相组织照片（图 3）。

由图 3 可知，该铁舰上取得的样品金相组织均为铁素体夹杂栾晶浮凸组织，复相夹杂物细小且变形量巨大，分布极不均匀。其中，TJ2 和 TJ3 的夹杂物沿加工方向成带状分布，可知其制作工艺为炒钢锻打[2]。取自层状薄片翘起处的 TJ2 锈蚀最为严重，在铁素体组织中夹杂有大量的锈蚀物，而取自条状翘起处（TJ1）和板材靠中心处（TJ3）样品，锈蚀产物则明显较少。

炒钢是用生铁为原料，入炉熔融，并鼓风搅拌，促成生铁中的碳氧化，炼成熟铁或钢的工艺，是炼钢史上的一项重大的技术创新。

中国的炒钢技术始于西汉中期约公元前 2 世纪，到东汉（公元 2 世纪）已相当普及。欧洲用炒钢法将生铁冶炼成熟铁，18 世纪中叶始于英国，用改进了的反射炉进行炒钢，一直使用到 1930 年左右，在当时被称为"震撼大地"的变化。马克思在法文版《资本论》第一卷里对炒钢有过很高的评价。中国炒钢技术的发明比英国早至少 1800 多年，这是中国古代钢铁技术发展史中的一项重大技术革新[3]。

图 2　铁板残片取样分析部位

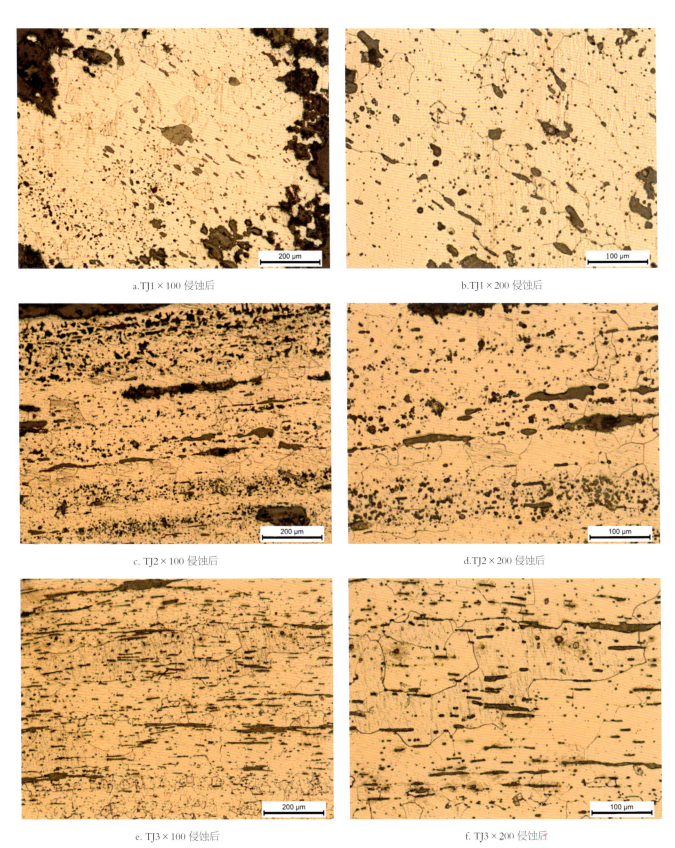

a.TJ1×100 侵蚀后

b.TJ1×200 侵蚀后

c. TJ2×100 侵蚀后

d.TJ2×200 侵蚀后

e. TJ3×100 侵蚀后

f. TJ3×200 侵蚀后

图 3　三块样品的金相组织照片

　　综上所述，所分析的铁板残片所用的铁（钢）板材料为炒钢。炒钢在英国乃至欧洲的使用时期主要为 18 世纪中叶至 1930 年的近 200 年内。可以看出，此次分析的铁板残块所用材料与英国十九世纪铁质舰船所用材质使用年代上是基本吻合的。铁质残块样品来自于辽宁丹东海域，结合史料，很有可能来自近代海战时的舰船。

注释

[1] 北京钢铁学院金相实验室：《满城汉墓部分金属器的金相分析报告》，《满城汉墓发掘报告》，文物出版社，1980 年，第 176–369 页。

[2] 刘海峰、陈建立、梅建军：《河北徐水东黑山遗址出土铁器的实验研究》，《南方文物》2013 年第 1 期，第 133–142 页。

[3] 韩汝玢、柯俊主编：《中国科学技术史·矿冶卷》，科学出版社，2007 年，第 612–618 页。

大鹿岛渔民访谈材料辨析

张晓航

东港市图书馆

2012 年 10 月，国家文物局水下文化遗产保护中心与辽宁省文物考古研究所联合在丹东大鹿岛开展水下文化遗产调查，工作人员进驻大鹿岛。为收集水下文物点线索，即以大鹿岛渔民为对象进行走访调查，其中自然包括以往老渔民对甲午海战的访谈记录。

对于大鹿岛，绕不过去的是甲午海战及"邓世昌墓"。1894 年 9 月 17 日，中日甲午海战爆发之时，村民祖辈们有听到从西南方的海上传来隆隆炮声，战后收拢并安葬一批死亡将士尸体，就近埋于近海荒地上，此事代代相传，对日本战后的打捞工作并未提及。时到 20 世纪 30 年代，日本国内钢材短缺，又开始北洋甲午沉舰的打捞，动用"安德丸"和"神甫丸"两艘打捞船，前后有长达两年半的打捞活动。此次打捞，共有两位大鹿岛的村民参与，一名李贵彬老人，在运送钢铁去大连的船上干活；一名王绪年老人，被聘为水下干活的潜水员。二人均认为打捞对象为致远舰，王绪年老人还从水底打捞出一具人骨架，自认为"邓世昌"遗骨，并与好友于永灵老人一起将遗骨安葬于大鹿岛东口哑巴营，1988 年迁葬于东面的后山上，此即为大鹿岛"邓世昌墓"由来，中华人民共和国成立后历经三次大的修葺，树碑立像，现列为辽宁省国防教育基地、爱国主义教育基地（图 1）。20 世纪 90 年代，地方文物工作者对健在的当事人进行访谈，当时王绪年老人已去世，只留下李贵彬、于永灵两位老人的访谈记录。2014 年以来，随着北洋海军甲午沉舰水下考古工作开展，陆续在黄海北部发现致远舰、经远舰沉没位置。作者亦有幸参与北洋沉舰调查工作，现重新省视大鹿岛渔民访谈材料，一是厘清其中的误解，二是还原"邓世昌墓"身份。

20 世纪 90 年代大鹿岛渔民访谈原文如下：

李贵彬老人访谈录（81 岁）

1938 年，日本军队来拆致远舰，李贵彬被安排在运铁船上干活，当三车，往大连运送拆下来的铁。日本的拆铁船不下锚，船来了就拴在打好的木桩上，船定位方便。有一次，李贵彬偷偷跑到日本人指挥船上，看到罗盘是东北 70°，从黄石礁看园山岛和韭菜砣子约一托档口，时间比较短，估算"致远舰"尾南多东南，头北多偏西。曾看到日本人使用炸药，捞上铁板，特别是螺旋桨叶。记得十分清楚，其中一件铜铸圆形，一尺直径，一公分厚，上面有"致远"二字，交给了日本人。"致远舰"距离黄石礁不远，40 马力的船，打到尾数，向（以黄石礁为原点）东北 70° 跑 10 ~ 15 分钟左右，估计 1500 ~ 3000 米。立秋后，黄石礁看园山岛、韭菜砣子挡口，看大孤山，就能找个差不多。

图1 大鹿岛"邓世昌墓"（作者自摄）

于永灵老人访谈录（76岁）

当年日本人来拆致远舰，共3名潜水员，两个是日本人，一个是中国大连的王绪年，我们管他叫王把头。其中一个日本潜水员潜水两次就死在下面，王把头为主。王把头住在于永灵家的前屋，那时于永灵17岁，好奇心重，每天和王把头在一起听他讲水下拆铁的事情。王把头手上戴着两块手表，一块水下指南针，床头下枕着两块银砖，脚底下垫着两块银砖，一脚一块。我问他下面还有没有？他说：还有。我问他：为什么不多拿上来？他说：拿上来还不得给日本人。连军饷柜我都用炸药炸碎了，大洋钱还不得让日本人得去。他还说：摸到指挥室里，在一个大椅子上坐着一具骨架还没倒。于永灵心想那是邓大人。第二天王把头病了。于永灵劝他去烧些香纸，许个愿，肯定是邓大人见怪了。许愿后，王把头病好了。再下水，把这具遗骸背了上来，两人葬在了大鹿岛，就是现在的邓世昌墓。"致远舰"拆了两年半，记得王把头说是拆到了二层甲板，船是双螺旋桨的，拆下来一个。李贵彬在"安德丸"上当三车，往大连运铁，船上大车叫陈庆芝，是大连老虎滩人。于永灵记得致远舰在王家岛往东北看，大鹿岛西南看，枯水有6～7托水，满潮8托水，这和李贵彬回忆的一样。

李贵彬老人还手绘了一张位置图（图2）。标注有老黄石（现为黄石礁）、元山（圆山岛）、韭菜砣、大孤山的位置，图上注明"4月26日渔民所绘 李贵彬（81岁）提供亲笔所绘"。圆山岛、韭菜砣子、大孤山皆为丹东市孤山镇周边进出港湾的航海路标，其中，大孤山为高耸于河口地带的一座孤山，海拔高度337.3米，海上远看颇为醒目，为晚清民国时期贸易大船从大洋河口上溯至孤山镇的重要航标。民国《安东县志》有载"大孤顶，在县西南三十里，山谷、石岭二村间，峥嵘峭拔，迤东有二孤顶及三孤顶，脉皆相连"[1]。圆山岛、韭菜砣子均位于丹东市菩萨庙镇小岛子村南面，周边有14个小岛，而圆山岛最大，因山体圆弧而得名。韭菜砣子为岸边的小山包，现已炸毁。圆山岛、韭菜砣子的高度不高，但在周边低洼的海边，则明显高起突兀，故为当地渔船进出港口（海洋红港）时的参照航标。黄石礁则偏于西南边，位于庄河市栗子房镇南尖村往南约10千米的海上，为一干出礁，高潮时会没入水下。

　　从二位老人访谈中可以确认以下信息：

　　①沉舰处水不深。打捞时海中可以打下木桩系船，水深6～7米，满潮8托。

　　②沉船点离礁石不远，估算1.5～3千米。

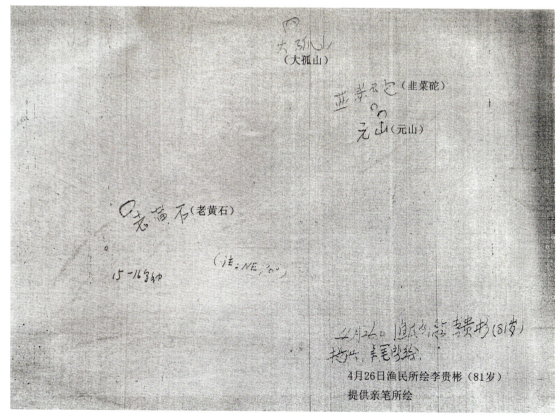

图2　大鹿岛渔民手绘沉舰周边位置图

（为原图扫描，手写地名已在旁标注）

③立秋时节，天气好时可以在沉舰处看到园山岛、韭菜砣子、大孤山。

对照以上信息，与致远舰实情严重不符，而水深及周边参照物位置关系却与经远舰吻合。经远舰东北 1 千米处有一明礁为"老人石"，以 40 马力的船，开 10 来分钟可以抵达，与李贵彬老人述说的开船距离与行船时间一致。

2015 年致远舰遗址经过水下考古调查发现[2]，位于大鹿岛西南约 20 千米远的海上，海域水深 18～22 米，这样的水深，在 12 托水以上。这个深度要打个木桩实属困难，木桩加上系船的高度，以及桩子入泥中固定的要求，木桩至少要长达 30 米以上，如此长的桩子要在海中固定住是比较难做到的工程。2018 年经远舰遗址水下考古确认[3]，位于庄河市黑岛镇南面约 8 千米的海上，海域水深为 8～10 米，满潮 12 米，正好与"水深 6～7 托，满潮 8 托"吻合。近 10 米水深，选用 15 米左右的桩子，在海里竖好木桩还算容易办到。

致远舰孤悬于海中，最近的岛屿为大鹿岛，远在 20 千米外，无雨雾的晴天，在沉没位置能轻易望见大鹿岛。按目标大小，大鹿岛海拔高度 189 米、山体连绵 4 千米长，远比才高出海面十多米的园山岛、韭菜砣子明显。从距离上讲也较这两个目标更近。考古队在调查致远舰期间，天气晴朗时能望见大鹿岛，而对于园山岛、韭菜砣子这两个岸边目标，肉眼无法观测。两位老人本为大鹿岛人，不讲大鹿岛，却提及小岛子村附近的小山，明显沉舰不是致远舰。在老人所说的沉舰处，应能看见岸边的小山，却难以看见大鹿岛山体，这与经远舰的位置情况吻合。在经远舰沉没位置，往东北方向望去，依次可见礁石（老人石）、园山岛、韭菜砣子、大孤山，而大鹿岛远在 40 多千米以外的偏东方向，超过肉眼目视距离。民国《庄河县志》有记载经远舰位置"是时舰在虾老石东八里许"[4]，经远舰沉没之时有幸存者"泅而逃出者五十人云"。虾老石现称老人石，经远舰临近老人石，大致在岸边往东八里开外的海上，县志记载的经远舰位置大致准确，或源于经远舰幸存者的讲述。

日本民间于战后开始申请打捞北洋沉舰，致远、经远首当其冲。并使用炸药进行暴力拆解，两位老人讲述中都有提及使用炸药，致远舰遗址水下散乱的遗物亦证明使用过炸药。两艘沉舰在 1894 年海战结束后开始被拆解，待至 1938 年再度重启，相隔 40 余年时间，使用炸药拆解势难保持完整的骨架不散。

经远舰为装甲巡洋舰，在水线处围护有一圈防护装甲，特征明显。舰体倒扣于海底，拆解先从底舱开始，战后不久的拆解首先会打开底层舱室，待拆到经远舰防护装甲深度，此时沉舰自重已下沉至海床泥面，拆解工作较难继续下去。经远舰位于近岸浅水区，为泥沙沉积较多地带，舱室一旦出现缺口，在暂停 40 年间，近岸的泥沙沉积也足以将开口的舱室淤满或半满。王绪年老人大概率是在泥中摸到将士遗骨，而非来自还空着的指挥室中。另一个事实，致远与经远的沉态完全不同，致远舰为正沉状态，首先从指挥室往下拆；经远舰为倒扣状态，指挥室直接深陷于泥中，拆解只能从底舱开始。因而，不管何种情况，1938 年重启的拆解工作，所捞将士骨架均不可能来自指挥室。如是致远舰指挥室，则在

1895 年左右即已拆除；如是经远舰，则指挥室因深陷泥中至今保持原状。

根据于永灵老人讲述，破拆由潜水员用炸药在水下操作，拆解钢材前后有两年半时间，已拆到第二层甲板，双螺旋桨叶也拆下来一个，沉舰在水下不深，满潮也就 8 托水。这种情况也与经远舰倒扣状态一致，船体倒扣让螺旋桨在上，方便被拆除；目前海床面的舰体深度在底舱甲板附近，算上船底板，正好为第二层板。而致远舰为正沉，船底埋于泥下近 2 米深，螺旋桨叶应还保留于泥中。

以上众多分析，可以确认两位老人，亲历过的 1938 年日本打捞沉舰实为经远舰。旁边的礁石为"老人石"，而非"黄石礁"。黄石礁位于老人石东北约 10 千米，2014 年水下考古队曾对其周边物探勘测，结果并无任何发现。时间久远，人之记忆会出现模糊与偏差，需要旁人或佐证物品加以提示。于永灵老人转自潜水员王绪年的讲述，修饰特征更为明显。在文物线索征集中经常会遇见此类表述，但最主要的要素（礁石）不会缺失。

因而，王绪年老人打捞上来的遗骨，毫无疑问来自经远舰。由此也说明，流传许久的"邓世昌"墓实为经远舰某将士之墓。身份的重新确立，并不会损害或贬低英烈们不畏个人生死、奋勇杀敌、与舰同沉的报国情怀。

水下考古工作会广泛收集与工作有关的口碑线索、文献资料，不会拘泥于某一类材料，各资料会相互印证、去伪存真，并与考古发现比对，还原事实真相。

不同的资料用于水下考古不同的工作需要，比如，海洋水文地质环境资料，用于水下考古工作季与调查设备选择；日本战损报告与打捞档案等用于水下沉舰的残损现状评估；英国造购档案与购舰资料等用于对舰体结构与遗物的分析；地方志书、奏报及口碑线索等用于了解海战过程及确认沉没位置。对于甲午海战及交战位置，民国《安东县志》载明清间兵事，"光绪二十年甲午秋八月十八日，海军提督丁汝昌帅海军各兵舰及日本舰队战于大东沟，逾三时之久，日舰向西南遁去"[5]，大东沟为晚清民国对鸭绿江入海口的称谓，此战旧时亦称大东沟海战，北洋舰队多在鸭绿江口外十二海里下锚停泊，午初发现从西南方来的日舰，北洋各舰当即起锚迎战，交战区即在大鹿岛西南，海战中虽有重创日舰，北洋舰队自身亦损四舰。其中，超勇"中弹起火，旋即焚没"，扬威为"济远当腰触裂，驶至浅水而沉"，致远被日船以鱼雷轰击"旋亦沉没"（此说不确），经远最后被日军四舰围攻"拒战良久，遂被击沉"。浅水区即为大鹿岛附近，来远、靖远二舰中炮后相继起火、进水，也曾驶离舰队扑救修补，去的地方亦是大鹿岛附近的浅水区。

早在 2014 年启动水下考古调查时，考古队关注过当地渔船的水下挂网点，来自编辑成册的《西朝鲜湾至黄海北部渔场障碍物经纬度》，考古队对地处黄海北部、大鹿岛西南 15 ～ 25 千米范围内所有的挂网点进行过标注，并按黄海海战时的舰船航迹进行推算，共有 12 处较集中、位置适当的区域，逐一进行调查，致远舰为一处挂网点也身列其中（图 3）。

资料线索经相互印证才能确认准确性。大鹿岛渔民访谈记录，一旦确定为经远舰，则

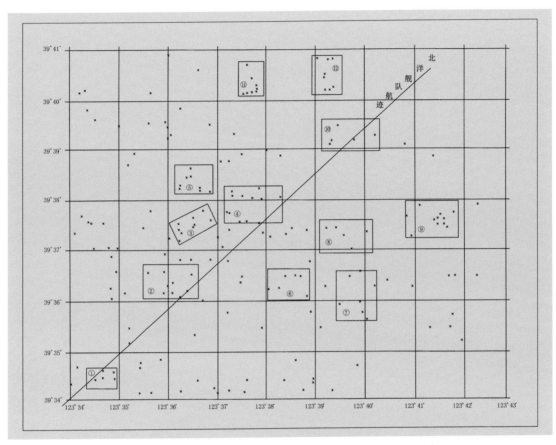

图3 挂网点与致远舰位置图（作者自绘）

两位老人所言，除去对将士遗骨的描述，其他基本符合事实，包括使用炸药打捞方式、水深情况、手绘图上各点的位置关系等都比较准确。总体上，访谈材料仍具有较高的参考价值。

注释

[1] 王介公、于云峰修纂：《安东县志》，成文出版社有限公司，民国二十年，第 39 页。

[2] 周春水、冯雷：《辽宁"丹东一号"沉船水下考古调查》，《2015 中国重要考古发现》，文物出版社，2016 年，第 176–180 页。

[3] 周春水、冯雷：《辽宁庄河经远舰水下考古调查》，《2018 中国重要考古发现》，文物出版社，2019 年，第 177–181 页。

[4] 《庄河县志》，奉天作新印刷局，中华民国二十三年，第 414 页。

[5] 王介公、于云峰修纂：《安东县志》，成文出版社有限公司，中华民国二十年，第 670–672 页。

后记

　　清北洋海军致远舰水下考古是我国首次对大型钢铁沉舰遗址进行系统的考古调查工作，也是多种物探技术灵活运用的成功范例。工作伊始就得到国家文物局、辽宁省文物局、丹东市文体广电局（市文物局）的高度重视与鼎力支持，持续被列为每年度水下考古重点项目，指导北洋沉舰考古与研究工作逐步深入。最早由国家文物局水下文化遗产保护中心与辽宁省文物考古研究所通力合作，汇集全国水下考古专业人员，在丹东市政府的支持下，联合海洋勘测、潜水打捞等行业的技术力量，于2016年秋圆满完成致远舰考古调查任务，考古成果得到来自考古学、海军史、舰艇与武器装备史等领域专家学者的肯定，在此深表谢忱。

　　致远舰水下考古调查工作源于丹东港海洋红港区涉海基建，这也是近年来北方地区最大规模的涉水大型基本建设工程水下考古项目，丹东港集团以实际行动支援涉海基建工程水下文物保护工作，出资工作经费、提供工作船和避风停泊港口等。此外，日林建设集团有限公司的宋沛然先生在前期与港方协调及后续考古成果展陈设计中出力良多；"中国考古01"船建成之后首航丹东，历任船长及船员们为协助现场考古工作尽心尽责；广州打捞局调遣专业潜水台班确保水下抽沙清理进度；杭州瑞声海洋仪器有限公司在寻找勘测阶段承担磁法物探协助快速锁定致远舰遗址位置；北京国洋联合潜水运动有限公司提供高氧充填及潜水器材维修；更有来自全国各省市的水下考古专业人员不辞辛劳，秉承水下考古一盘棋传统，团队合作一点点厘清水下沉舰遗址现状，始终饱含工作热情与敬意。值此之时，寥寥数语，以致感谢。

　　不管是调查期间，还是现在，致远舰水下考古与宣传展示都倍受公众关注。为回应社会殷切关心，尽快刊布考古资料，在中国文化遗产研究院、国家文物局水下文化遗产保护中心、国家文物局考古研究中心历任领导及同事们的支持下，2017年春开始着手考古资料整理，对于全新的钢铁沉舰类型，翻检档案准确判识残损武器配件与舰船构件颇耗时日，本书编著最后由国家文物局考古研究中心与辽宁省文物考古研究院完成。

书稿由周春水、冯雷主编，按工作内容分章节撰写。各章节执笔情况如下：第一章由梁国庆、周春水执笔；第二章由周春水、冯雷执笔；第三章由周春水执笔；第四章由贾宾、周春水、林唐欧执笔；第五章由周春水、寿佳琦执笔；附录一由张黎源执笔；附录二由田兴玲、贾政执笔；附录三由张治国执笔；附录四由张晓航执笔。

水下遗迹与文物线图由林唐欧、周春水、贾宾、寿佳琦、梁国庆绘制；文物照片由张瑞、司久玉、王霁拍摄；水下遗迹及工作照片由黎飞艳、司久玉、吴立新、孙少光、李家凡等摄影；文物统计由席光兰、林唐欧登记；全书最后由周春水统稿。

本书顺利出版离不开科学出版社的大力支持，责任编辑张亚娜、郑佐一两位女士为此付出大量辛勤劳动，出色的编排设计为书稿增彩不已。致远舰的调查是我国第一次系统针对大型钢铁沉舰的水下考古调查，成果丰硕，又涉资料庞杂，外延诸多新的学科领域，有幸的是整理工作得到多方关注与帮助，刘烜赫、吴立新、张黎源、许华等研究学者为本书编写提供珍贵资料照片；在报告编写期间，海南省博物馆的贾宾同志曾赴京协助编写与资料整理，在此一并致谢。

书稿付梓之际，再次衷心感谢所有关心、支持、帮助致远舰水下考古调查与出版工作的单位及个人。甲午沉舰考古为近年来新开辟的水下考古工作领域，编者学术水平所限，疏漏难免，敬请方家斧正！

编　者

2022 年 12 月

(K-3779.01)

www.sciencep.com

ISBN 978-7-03-074507-1

科学出版社

赛博古

《博物院》

电话：(010) 64033878
邮箱：scimuseum@mail.sciencep.com

定价：380.00元